음악과
자유가 선택한
조용필

빛기둥은 지구촌 음악평화를 위한
도서출판 푸른 산의 아트 프로젝트입니다.

1판 1쇄 인쇄 | 2018. 3. 29.
지은이 | 구자형
발행인 | 맹경화
발행처 | 푸른산
임프린트 | 빛기둥
등록번호 | 제 301-2013-107호
주소 | 서울시 중구 을지로18길 25-2 302호
TEL | 02-2275-3479
FAX | 02-2275-3480
E-mail | csmac69@hanmail.net

값 13,000원

ⓒ 구자형, 2018
ISBN 979-11-951303-5-1 03800

- 파본은 교환해 드립니다.
- 저작권은 저자와 도서출판 푸른산에 있습니다.
- 양측의 서면 동의 없이 무단 전재나 복제를 금합니다.

STEREO

조용필

1. 창밖의 여자
2. 돌아와요 부산항에
3. 잊혀진 사랑
4. 돌아오지 않는 강
5. 정
6. 사랑은 아직도 끝나지 않았네

SIDE A
JLS-120 1546

1980. 3. 20 제작

MANUFACTURED BY JIGU RECORDS CORP. SEOUL, KOREA

JIGU RECORDS
33 1/3

마음과
파도 사이

조용필

리듬이
있다

여는 말

1.

"허공 내고 죽었어야 하는데..."
나는 깜짝 놀라 반문했다.
"왜요?"

그는 대답 없이 소주잔을 꺾었다. 방배동 그의 자택에서의 한밤의 인터뷰에서의 돌발적인 한마디였다.

2.

어렵게 잡은 인터뷰였다. MBC 라디오 조형재 PD가 스케줄을 잡았다. 인터뷰 목적은 방송에 그의 이야기를 내 보내기 위함이었고, 16집 '바람의 노래'가 수록된 앨범 '이터널리' 발표를 코앞에 둔 시점이었다. 1997년 봄이었다.

미소는 따스했지만 아우라와 포스가 장난이 아니었다. 방송 출연 때 몇 번인가 스치듯 보았지만 손 내밀면 닿을 듯한 거리에서 그를 마주 대하니 긴장도 좀 되고 반갑기도 하고 그랬다.

"이번 새 앨범 궁금합니다."

그는 아직 발매되지 않은 따끈따끈한 모니터 CD를 오디오에 걸라고 매니저에게 말했다. 음악이 흘러 나왔다.

"다 들어봐. 가장 좋은 곡, 타이틀 할 곡 구 작가가 한번 추천해 보고..."

그래서 듣기 시작했다. 아, 빠진 게 있었다. 술을 하겠냐고 해서 소주를 원했고 낯익은 매니저가 소주를 갖다 주었다. 일하는 아주머니는 퇴근했다 한다.

그리움의 불꽃, 일몰, 바람의 노래, 물결 속에서, 그대를 사랑해, 애상, 판도라의 상자, 연인의 속삭임, 그대를 사랑해, 마지막이 될 수 있게 등 10곡을 처음부터 한 음도 빼 놓지 않고 다 들었다. 들으면서 노래 느낌의 감동을 별표로 점수를 매겼다. 그리고 말했다.

"바람의 노래가 가장 좋고요. 제 생각은 이렇습니다."

나는 성점감상표를 건네 드렸다. 그가 신기해하며 웃음을 터뜨렸다.

"핫핫.. 부산 MBC의 김양화 국장님과 별표가 똑 같네."

어느 작사가는 자신의 작사로 이뤄진 곡이 가장 좋다면서 그 노랠 타이틀곡으로 해야 한다며 요즘 매일 찾아온다는 말도 덧붙였다. 내가 소주를 두병쯤 비워갈 때 그가 도저히 안 되겠는지 매니저에게 맥주를 갖다 달라고 했다. 그는 내일 골프 약속 때문에 술을 마시면 안 되고 예전에 어마어마하게 마신 탓에 이제는 술을 절제 한다고 했다. 그래서 그는 맥주, 나는 소주 이렇게 술과 함께 인터뷰를 이어 나갔다. 참 많은 얘길 들었다. 술도 참 많이 마셨다.

"매년 사과박스로 현찰 꽉 담아서 스무 박스 씩 갖고 오는 사람이 있어. 40억 원... 그걸 저기 마루에 다 쌓아 놓는 거야. 그러면서 전국의 밤무대 20군데서 공연 하자는 거야. 그럼 나도 사람이니까 그걸 보게 돼. 하지만 안하기도 하고 못하지. 날 아끼는 팬들과 콘서트 해야지."

"아 그리고 구 작가 이렇게 인연이 됐으니 형 동생하자. 형이라 불러."
"아, 네 감사합니다. 형!"

좀 더 밤이 이슥해지고 이야기가 깊어지자 그는 결국 소주로 주종을 바꿨다. 나는 이미 몇 병 마셨는지 잊어버린 상태가 됐다. 그래도 참 정신 똑 바로 차리고 인터뷰 했고 마셨다. 급기야 내가 민원을 하나 넣는다.

"형 책을 제가 한번 쓰고 싶습니다."
그가 몇 초쯤 생각했다. 그리고 답했다.
"아냐. 내가 쓸 거야."
난 속으로 아이쿠 했다. 꼭 쓰고 싶었는데...

저녁 7시부터 시작된 인터뷰는 자정을 넘겼고 그 사이 중국에

사업차 가 계시던 이제는 작고하신 안진현 형수님과 그는 통화를 두 번 했다. 전화하는 동안의 밝은 표정이 소년 같았다.

그날 밤 나는 어떻게 그의 자택에서 빠져 나왔는지 도통 기억이 안 난다. 찾아갈 때는 잘 찾아간 그의 집을 난 여전히 기억 못한다. 일주일 쯤 후 무슨 일인가로 전화를 드렸다. 그때 그의 말 때문에 지금도 좀 미안하다.

"야, 나 그날 밤 너랑 술 마셔서 골프 못 나갔다."

나는 또 속으로 아이쿠 했다. 난 골프는 못 쳐도 골프 약속은 무슨 일이 있어도 지킨다는 그런 소문을 익히 들어 알고 있었기 때문이었다.

3.
그로부터 많은 날들이 흘러갔다. 하지만 그에 대한 책은 손대지 못했다. 그와 책을 전제로 한 인터뷰로 진행하고 싶었기 때문이었다. 하지만 그 부분은 이미 1997년에 거절당했으니 새로운 길을 찾기로 했다. 그것이 이 책이다.

새로운 길은

1) 1980년 '창밖의 여자'로 시작해 2013년 'Hello'에 이르기까지 정규 앨범 19장과 잠실 올림픽 주경기장 콘서트, 예술의 전당 콘서트, 평양 콘서트 등을 통해 우리에게 영혼의 몸 편지를 써 온 대한민국 대중음악의 백두대간, 가왕 조용필, 그 음악 산맥 오롯이 종주하고 싶었다. 그 산행 통해 마주치는 바람의 노래 마음껏 맛보고 싶었다.

2) 리뷰를 중심 삼았다. 그 잣대는 세계 음악사 속에서의 조용필 음악이 뭐지? 였다. 그래서 인류역사상 최대 음악축제였던 '우드스탁 페스티벌'과 '엘비스프레슬리' 등 해외뮤직 스타들과 조용필 음악과의 접점을 찾았다. 물론 조용필 18집 '오버 더 레인보우'에서의 오페라 록 '태양의 눈' 같은 노래 등 다양한 음악들이 있어왔으나 조용필 음악의 다섯 손가락 같은 '돌아와요 부산항에' '창밖의 여자' '한 오백년' '대전 블루스' '꿈' 5곡을 조용필 Best of Best 5로 뽑아 집중 분석했다.

3) 조용필 음악을 좋아하는 많은 사람들의 그 마음이 뭐지? 발견하고 싶었다.

따라서 위의 1)은 조용필 노래느낌, 2)는 조용필 음악과학, 3)은 조용필과 팬 사이의 참된(眞) 믿음의 만남, 선한(善) 소망의 나눔, 아름다운(美) 사랑의 평화 콘서트이다.

조용필의 음악은 삶의 노래, 삶의 고독과 비극을 왕창 노래하지만 결코 거기 함몰되지 않는다. 그의 노래는 우리가 날아갈 때 붙잡아 주고, 넘어졌을 때 일으켜 세워준다. 진정 위대한 탄생의 음악이다. 그는 꺼지지 않는 불꽃처럼 노래한다. 그게 참 가슴 뜨겁다. 당신 지금 추운가? 두려운가? 눈 뜨고 싶은가? 더 나아가고 싶은가? 그럼 조용필을 들어라!

가왕 조용필님에게 그리고 개인적으로는 용필 형에게 감사드립니다. 그리고 세상에서 가장 뜨거운 그 목소리를 선물한 이 땅의 '하늘과 바람과 별과 시'에 또한 처음엔 조용필 스스로 음악을 선택했으나 어느 순간 음악과 자유가 선택했고, 우리에게 선택 당한 가왕 조용필을 사랑하는, 지금 이 책 보고 있는, 어쩌면 외로움이라는 비밀에 쩔쩔매는 당신(조용필의 마음 쏙 빼 닮은)에게 감사드립니다.

서울시청 앞 Kinkos에서
구자형

Contents

여는 말 _5

#1 Hello _15

1. 내 마음 길양식

2. 아! 어떡해...
오빠의 좋은 노래/ 득음을 위한 묵언/ 2013 Hello Concert/ 춤추는 당진 댁

3. 헬로 쇼 케이스
에라 모르겠다! 다 알겠죠?

#2 조용필 Best of Best 5 _37

1. 돌아와요 부산항에 _39
어느 구름에 비 들었는지 모른다/ 질긴 인연/ 오로지 전진/ 은총이자 저주/ 막걸릿집 여자/ 화장 안한 여자의 지분 냄새/ 꽃 피는 동백섬/ 부산 새벽다방/ 위대한 광대들/ 한의 강물/ 꿈의 바다/ 아, 대한민국/ 록 & 뽕/ 엘비스 프레슬리/ 램프 중의 램프/ 벽은 사라지고 파도가 태어났다

2. 창밖의 여자 _77

눈물이 아닌 용암/ 몸 따로 마음 따로/ 모든 미학을 반납하다/ 가로등을 만드는 사람/ 아픔을 선택하다/ 노래로 위장취업 한 피눈물/ 향기품은 연꽃 한 송이/ 횡키 뮤직/ 나에게는 꿈이 있습니다/ 미쳐버린 어둠 애린 같은 어둠/ 나 보다 더 열심히 노래하니까/ 네티즌의 힘/ 인기? 사람 잡는거야!

3. 한오백년 _102

우리 국악과의 만남/ 연습 연습 또 연습/ 별밤 공개방송/ 우주의 미아/ 한밤의 칠성단 기원제/ 조용필 콘서트- 혼의 소리/ 하늘의 소리

4. 대전 블루스 _122

방송금지/ 사랑은 긴 기차/ 사랑의 쟁기질/ 혼자라는 느낌/ 릴케의 블루스/ 블루스 스타일/ 블루스 라이프의 승리/ 블루스 킹 로버트 존슨/ 사랑의 방랑자/ 욕망 덩어리/ 블루의 등불/ 어디선가 들려오는 노래가 있어

5. 꿈 _156

싱어 송 라이터 조용필/ 우리의 소원/ Puff/ 노래라는 붕대/ 소리를 보다/ 장자의 나비 꿈/ 햇살 같은 맨살/ 우드스탁 페스티벌/ Freedom/ 길 위의 여행/ 들꽃/ 수사자와 암소, 라비 샹카/ 더 잘할 수 있어/ 생명의 외침/ 태양의 생일, 멜라니 사프카/ 향음(香音)/ 지미 헨드릭스/ Bounce

#3   구자형이 뽑은 조용필 베스트 50 _225

#4   리뷰, 조용필 1집 - 창밖의 여자 _228

#5   조용필의 말 _232

#6   내가 본 조용필 _245

맺는 말 _250

조용필 프로필 _254

#1. Hello

텅 빈 객석이 둘러싼 한 가운데
무대 위에 조용필이
섬처럼 떠 있었다.

그는 무척
여유롭고 편안해 보였다.

소탈함, 청신함 그리고
관록과 내공이 물결쳤다.

1. 내 마음 길양식

그 소, 애린 1

김지하

단 한번 울고 가
자취 없는 새
그리도 가슴 설렐 줄이야

...

한때
내 너를 단 하루뿐
단 한 시간뿐
진실되이 사랑하지 않았건만
이리도 긴 세월

내 마음 길양식으로 남을 줄이야

애린
두 눈도 두 손 다 잘리고
이젠 두발 모두 잘려 없는 쓰레기
이 쓰레기에서 돋는 것
분홍빛 새 살로 무심결 돌아오는

애린
애린
애린아

위의 시에서 두 번째 단락 마지막 6행 '내 마음 길양식으로 남을 줄이야' 중에 '길양식'이란 말은 여행할 때 배고프지 말라고 준비하는 먹거리다.

지난 날 소풍 갈 때 어머니가 싸 주셨던 김밥과 삶은 계란 그리고 사치품목의 하나 사이다 한 병, 소중하게 준비하고, 이른 아침 가슴 벅찬 소풍 길을 나서던 시절 있었다. 추억의 길양식이었다. 그런데 김지하 시인의 길양식은 그런 '김밥/ 삶은 계란/ 사이다' 대신 '애린/ 애린/ 애린아'라고 오직 하나의 이름을 향한, 감격에 겨워 절규하는 사랑의 길양식이다.

그렇다면 이 글을 막 읽기 시작한 당신의 '길양식'은 무엇인가? 나는 스무 살 때 생각했었다. '10대 시절이라는 골목길'을 벗어나 '스무 살이라는 광장'에 들어서면서 나는 내 길양식을 무엇으로 삼을까 진지하게 고민했었다. 그때 내 앞에는 두 가지가 놓여있었다. '돈이냐?' '영혼이냐?' 정말 꽤 많은 밤들을 그 선택을 위해 고뇌(苦惱)했었다. 하지만 그때 내 단순한 생각과 상상력은 어차피 돈은 죽을 때 못 갖고 가는 것, 따라서 영혼을 선택한다.

그 선택의 장소는 서울 남산 밑 퇴계로 쪽 명동입구 그러니까 지금의 '유니클로' 뒷골목, 당시 삼익악기 지하, 그곳에는 김도향, 송창식, 윤형주, 이장희, 김정호 그리고 정기적으로 어니언스, 이종용, 이동원, 채은옥, 정광태, 스푸키스(대학생 록 밴드) 등의 라이브가 열렸었고 노래는 안했지만 아주 드물게 김민기가 들렀었던 지금(2018년 봄)은 '루키 노래방'으로 변모한 70년대 초반의 음악 감상실, 신발 벗고 들어가면 초록 카펫 깔려있던 '르 시랑스'(대표 이백천/ 음악평론가)의 뮤직 박스 안에서였다. 나는 그곳 '르 시랑스'(Le Cilance) 음악감상실 DJ였다. 아직 가왕 '조용필'이 '돌아와요 부산항에'로 대한민국에서 알려지기 직전이었다.

2. 아! 어떡해...

오빠의 좋은 노래

2013년 5월 31일부터 6월 2일까지 3일간 서울 올림픽 공원 내 체조경기장에서 '2013 조용필과 위대한 탄생/ 전국투어 콘서트 Hello!'가 열렸다. 나는 KBS 미디어의 손 석 팀장으로부터 의뢰를 받고 조용필 다큐멘터리 영화의 작가로 그 콘서트를 취재하러 갔다.

공연을 앞두고 경기장 앞 광장에서는 조용필의 19집 새 앨범에 수록된 신곡 '헬로'에 맞춰 50여명의 팬들이 자신들이 만든 안무에 따라 군무를 거의 일사불란 춤추고 있었다. 광장에는 3개의 천막이 나란히 세워져 있었다. '위대한 탄생' '미지의 세계' '이터널리' 즉, 3대 조용필 팬클럽이 설치 해 놓은 본부들이었다. 나는 세 곳 중 한 곳의 팬클럽 임원과 인터뷰를 시도했으나 그녀는 너무 바빴다. 다른 인터뷰 때문에 그녀가 단박에 거절했다. 나는 '이터

널리'의 팬과 인터뷰했다. 그 중 30대 후반으로 보이는 은근한 매력의 한 여성 팬에게 물었다.

'조용필씨 어린 시절부터 좋아하셨을 것 같은데, 팬을 떠나 조용필씨와 결혼하고 싶다는 생각 해 본 적 없나요?'

주변 사람들이 까르르 웃는다. 그녀의 얼굴이 약간, 잠시 상기 됐으나 곧 평상심을 되찾는다.

'아뇨. 그런 거 감히 바라지도 않아요. 그냥 영원히 오빠가 끝없이 좋은 노래 들려주시면 저는 그것만으로도 대 만족입니다.'

그녀 입가에 어느새 흐뭇한 미소 감돌았다. 조용필이란 이름 석 자가, 그의 노래들 그 자체가, 이미 그녀에게는 보약, 천국, 대박이었다. 아는 사람의 딸이 조용필의 '창밖의 여자'가 히트하던 80년대 초 겨우 다섯 살이었는데, TV 보다가 조용필만 등장하면 '나 조용필이랑 결혼할거야!'를 외쳐서 가족들은 박장대소하며 신기해했다는 얘기를 들은 적도 있다.

80년대 후반 나는 조용필 음악 원고를 쓸 일이 있어서 어느 조용필 팬과 인터뷰를 한 적이 있다. 그때 그 팬은 직장여성이었고 내게 이런 말을 들려주었다.

'저는 결혼 안 할 거예요.'
'왜죠?'

'회사 일 마치고 집에 돌아와 간단히 식사하고 밤에 촛불 켜 놓고, 조용필 오빠 노래 들으면 결혼생활보다 그게 더 행복할 것 같아요.'

좀 섬뜩했다. 조용필의 노래보다 못한 남자가 혹시 나 아닐까 해서였다. 그렇다. 80년대 한국의 많은 남자들은 조용필 이름 석 자 앞에서 우울 내지 울적했다. 사랑하는 연인이 자신 보다 조용필에 더 열광했기 때문이다. 그래서일까? 그 질투 때문일까? 많은 남자들이 '지금도 조용필 좋아하나요?' 하면 '노래는 좋은데 제 취향은 아니죠.' 하고 은근히 손발톱을 세운다.

또 다른 어느 여성 팬은 80년 조용필이 일본에서 6개월, 한국에서 6개월씩 번갈아가며 음악 활동하던 그 시절, 조용필이 한국에 오면 다니던 회사 그만두고 사표 쓴다. 이유는 조용필 집 앞에 찾아가 그가 탄 차가 드나 들 때, 하루 두 번 오빠한테 인사하기 위해서였다. 그 팬은 조용필 오빠가 외출하는 차 안에서 아침에 한번, 귀가하는 저녁에 한번 손 흔들어 주고, 눈길 주는 것만으로도 더할 나위 없는 최고의 행복이라 말했다. 그러다 조용필이 일본 활동을 하면 그때는 다시 취업을 해 돈을 벌었다.

득음을 위한 묵언

나는 KBS 미디어의 손 석 팀장으로부터 스텝들이 사용하는, 조용필 콘서트 장을 출입할 수 있는 목걸이 카드를 받아 가슴에 걸었다. 아직 태양이 환했다. 콘서트가 시작되는 저녁 8시가 되려면 아직 몇 시간쯤 남아있었다.

조용필 콘서트를 준비하는 체조경기장 안의 복도를 따라 걸었다. 실내로 들어가기 위해서였다. 그때 저 앞에서 다가오는 뮤지션이 있었다. 조용필과 위대한 탄생의 건반 연주자 이종욱이었다. 아일랜드 블루로 염색한 그가 휙 하고 내 옆을 스쳐 지난다. 바람이 인다. 잠시 후 이번 '헬로' 콘서트 다큐 영화의 연출자 손 석 팀장으로부터 전화가 걸려온다. 식사하러 오라는 전화였다.

체조경기장 밖에는 커다란 차일이 쳐있었고, 차일 밖에서는 연신 음식을 해 대고 있었다. 뜨거운 김이 무럭무럭 피어올랐다. 조용필 콘서트답게 점심 한 끼도 대규모, 손 석 팀장이 손짓 한다. 나도 쟁반 하나 챙겨들고 식사를 배급 받는다. 뜨거운 된장국, 김치, 밥 그리고 내가 좋아하는 고추 멸치조림 등의 밑반찬을 식판에 받아들고 자리에 앉는다. 손 석 팀장이 내게 말한다.

'식사하시고 좀 이따 전화 드릴게요. 조용필 선생님 잠시 인사 좀 드리시죠.'

나는 좋다고 했다. 둘러보니 계속 사람들이 나가고 또 들어오고 분주한 가운데 공연을 앞둔 기분 좋은 활기와 긴장감이 그득했다. 식사를 마치고 일단 콘서트 장 안으로 들어갔다. 리허설 중이었다. 텅 빈 객석이 둘러싼 한 가운데 무대 위에 조용필이 섬처럼 떠 있었다. 조용필은 마이크를 들고 음향, 조명 스텝들 그리고 위대한 탄생 밴드 멤버들에게 이런저런 주문과 지시를 내리고 있었다. 그는 무척 여유롭고 편안해 보였다. 소탈함, 청신함 그리고 관록과 내공이 물결쳤다. 적당한 자리를 하나 골라 앉았다. 아직 관객들이 들어오기 전이라 객석은 썰물의 바닷가처럼 텅 비어있었다. 마침 조용필은 위대한 탄생과 함께 '창밖의 여자'를 연습하는 중이었다.

창가에 서면 눈물처럼 떠오르는
그대의 흰 손

돌아서 눈감으면 강물이어라
한줄기 바람 되어 거리에 서면

그대는 가로등 되어 내 곁에 머무네…

딱 거기까지였다. 그 곡의 연습은 그쯤에서 끝이었다. 다른 노래로 이어지고 있었다. 힘을 아끼는 것 같았다. 하긴 파바로티는 공연 일주일 전부터는 말하는 것도 아꼈다. 묵언(黙言)으로 지냈다.

묵언에 대한 이야기가 나왔으니 한 가지 덧붙이자. 김 트리오란 밴드가 있었다. 1971년에 활동하던 밴드, 베이스에는 사랑과 평화, 신중현과 엽전들에서 활동했고, 솔로 히트 곡 '울고 싶어라'의 이남이(1948-2010), 드럼에는 한국 록의 대부 신중현과 함께 미8군 무대를 누비던 김대환(1933-2004) 그리고 조용필이 보컬 겸 기타리스트였다. 한국보다 일본에서 더 알아줘 일본에서만 자신의 타악기 연주음반을 만들 수 있었던, 김대환은 신중현과 애드 훠(1964), 신중현과 퀘스천스(1970)의 드러머로 활동했고 훗날 쌀 한 톨에 반야심경 283자를 새겨 넣었던, 매우 특별한 기인 아티스트였다. 그는 양손 열손가락 사이에 여덟 개의 다양한 드럼 스틱을 끼워 넣고, 즉흥 연주하는 프리재즈 스타일의 솔리스트였다. 아주 드물게 콘서트를 열었고, 흑우(黑雨)라는 예명을 사용했다.

그 대단한 김대환이 어느 날 신중현과 함께, 주로 미8군 무대에서 활동하던 시기였는데 하루는 저녁식사 자리에서 신중현에게 앞으로 묵언을 실천한다고 필담을 건넨다. 알고 보니 자신의 혀끝을 살짝 면도칼로 이미 잘랐고(그래서 상처가 아문 뒤에도 발음상 문제가 약간 생겨서, 이후 두고두고 어눌한 말투가 됐다.) 묵언의 이유는 자신의 드럼 연주가, 자신의 마음에 들 때 까지 정진하기 위해서였다. 그날 이후 흑우는 일체 말하지 않았다. 오로지 눈빛과 필담으로만 사람들과 소통했다. 그러다 드디어 몇 년 후 입술 열어 신중현에게 '나 오늘부터 말할 거야. 이제 드럼이 되네.'라고 말했다.

흑우 김대환은 생전에 통박을 말했다. 술에 취해 아무렇게나 젓가락을 두드리는 박자, 비가 올 때 떨어지는 빗소리 등이 설령 고정적이지 않더라도 그것이 곧 음악의 본질을 지닌 살아있는 박자라는 얘기였다. 소리꾼 장사익과의 이런 일화가 있다. 어느 날 장사익이 노래하는 걸 지켜보던 김대환이 한마디 던졌다. "사익아, 너 왜? 박자를 속으로 헤아리면서 노래하니?" 그러자 장사익은 "아니 그럼 어떡해요? 노래하면서 박자를 당연히 헤아려야죠?" "아냐. 그거 아냐. 박자에서 벗어나 봐. 그게 맞다. 한번 해 봐!" 그 순간 장사익이란 우리시대 가장 자유롭게 박자를 타고 노는 소리의 대가, 거물 명창이 태어날 수 있었다. 그 고마움 때문에 장사익은 매년 3월 1일이 되면 자신의 노래의 눈, 음악의 눈 활짝 뜨게 해 준 빛과 같은 스승 김대환을 위한 추모 음악회를 연다. 매년 3월 1일에 하는 이유도 재밌다. 그날은 3.1절이라 온 나라가 경건하다. 따라서 대부분의 한국 가수들, 음악인들이 행사가 없기에 장사익의 초대에 음악인들 또한 홀가분하게 동참할 수 있기 때문이다.

조용필의 '창밖의 여자' 리허설에서의 그 짧은 연습, 전 곡을 다 연습하지 않음은 일종의 묵성(默聲)이요, 묵음(默音)이다. 묵언(黙言)이 말 안 하므로서 언어의 고향, 침묵으로 되돌아갈 수 있듯이, 그래서 새로운 힘찬 아름다움의 영원 에너지를 체득하고 뿜어낼 수 있듯이, 조용필 또한 묵성을 통해 노래를 절제해, 기여코 소리의 고향, 침묵으로 돌아가 몇 시간 후 본 콘서트에서의 폭발적 에너지를 간직하기 위함이라 여겨졌다.

어느새 '조용필 헬로 콘서트'가 머잖아 시작될 올림픽 체조경기장이 있는 잠실에 저녁노을이 비껴들기 시작했다. 가슴이 또 아릿해진다.

2013 Hello Concert

이윽고 콘서트가 시작됐다. 객석은 술렁였고 출렁였다. 조용필이라는 바람이 고요히 불어가면 흔들리는 갈대, 조용필이라는 바람이 거세게 불어오면 펄럭이는 깃발이 됐다. 조용필이라는 바람이 해일을 동반하면 함께 춤췄고 조용필이라는 바람이 멈추면 함께 숨죽였다. 그가 느끼면 흔들렸고 그가 흐느끼면 가슴 저리며, 함께 아파했다.

콘서트 후반 조용필의 또 하나의 히트곡이 울려 퍼졌다. 양인자 작사 김희갑 작곡의 노래였다.

너를 마지막으로
나의 청춘은 끝이 났다
우리의 사랑은 모두 끝났다

램프가 켜져 있는
작은 찻집에서 나 홀로
우리의 추억을 태워버렸다

이렇게 시작되는 장엄, 쓸쓸, 쓸쓸, 몹시 고독한 조용필의 빅 히트 곡, 결정적인 사랑의 발라드, 심오한 이별의 서성거림 'Q'가 시작됐다. 그때 바로 내 앞에 앉은 40대 초반의 아미(蛾眉) 고운 여성 팬 한사람이 문득 자신도 모르게 이런 탄성 냈다. 내 귀에 너무나 분명히, 똑똑하게 울려 퍼진 그녀의 목소리.

'아! 어떡해…'

어찌나 절실한지 그 목소리의 온기와 열기와 그리움 아직도 간직하고 있다. 그 순간 '아, 한 가수를 이렇게 까지 좋아할 수 있구나.' 새삼 깨달았다. 그것은 조용필에 대한, 그의 노래에 대한 깊고 깊은 그야말로 지극(至極)이 넘쳐 지독한 '조용필 중독' 팬으로서의 사랑의 탄식이었다. 그 순간 '아, 만약 조용필이 없었다면?' '그의 노래가 없었다면?' 경기도 평촌에서 찾아왔다는 그녀와 또 당시 전국에서 그리고 해외에서도 찾아 온, 체조경기장 안의 그 수많은 입석까지 꽉 들어찬, 그 숱한 팬들은 모두 어디로 가야했을까? 그래서 어떻게 방황하고 있을까? 그야말로 모골이 송연해졌다. 하지만 다행히 그런 불행 없었다. 오랜 기다림 끝에 10년 만의 조용필 19집 앨범 '헬로'가 나오고 이렇게 '2013 Hello! 콘서트'가 진행되고, 팬들과 조용필은 소통하며 넉넉히 평화하고 있었다.

춤추는 당진 댁

재미나는 장면도 있었다. 40대 후반으로 보이는 중년의 여성 팬은 남편과 같이 왔는데 조용필의 '여행을 떠나요'가 시작되자 폭죽이 터지듯 자리에서 뛰쳐나와 객석과 객석 사이 조금 자유로운 계단통로 공간에서, 야광봉을 흔들며, 엉덩이는 더욱 바쁘게 격렬하게 춤추기 시작했다. 그러자 의자에 앉아있던 그녀의 남편도 얼른 일어나 그 역시 뭔가 흥분이 된 듯, 신바람 내며 춤추기 시작했다. 그 순간 남편을 향한 그녀의 대갈일성!

'여보! 당신 허리도 시원치 않은데 그렇게 흔들면 어떡해? 괜히 내 기분 맞춘다고 춤추지 말고, 그냥 거기 얌전히 자리에 앉아서 구경이나 해!'

물론 이 모든 멘트는 충남 당진에서 왔다는 그녀의 격렬한 춤사위 리듬 절묘하게 타며 남편에게 전해졌다. 남편은 약간 머쓱해졌고 그냥 앉자니 그렇고 계속 춤추자니 그렇고, 그야말로 이럴 수도 없고 저럴 수도 없어서의 영락없는 엉거주춤이었다. 그렇게 남편을 우선멈춤, 자제 시키던 그녀는 오늘 마늘을 심다 왔다면서 농사일도 중요하지만 콘서트가 너무 보고 싶었다고 묻지도 않았는데, 나를 돌아보며 갑작스레 말을 건넨다. 아마도 내가 열심히 콘서트 풍경을 글로 써서 스케치하는 걸 보고는 '아, 이 인간은 또 뭐하는 피플이지?' 뭐, 이런 궁금증 때문이던 것 같다. 아니나 다를까? 결국 그녀는 호기심을 못 이겨 연신 흔들어대며 내게 외치듯 물었다.

'근데 아저씨는 뭐하는 사람 이예요?'
'아, 나요. 아, 뭐 그냥... '

'아, 뭐하는 사람이냐구요?'

그녀의 목소리가 올라간다. 그녀는 정말 궁금한 것 같았다. 이쯤 되면 말해야한다.

'아, 나는 음악평론가입니다. 오늘 조용필 콘서트 취재 왔습니다.'

라고 정직하게 답해 주며 가슴도 약간 으스댔다. 그러나 '아, 그래요?!'하고 나를 좀 더 대접해 주는 분위기의 눈빛과 태도로 바뀔 것이야! 예상했으나 웬걸 전혀 그러지 않았다. 오히려 이런 혀차는 소리만 대신 돌아왔다.

'칫.. 무슨 음악평론가? 훙...'

그리고 싹 돌아서서 또 다시 춤판이었다. 하아, 나 참 이렇게 대 놓고 무시당해 보기도 쉽지 않은데 그 순간이 딱, 그랬다. 하긴 음악평론가라는 사람이 좌석도 없이(손 석 팀장이 배려가 부족한 건지 아니면 이미 티켓이 매진된 뒤였기에 어쩔 수 없었는지, 나는 고백하건대 체조경기장 2층 맨 뒷자리 그래도 조용필 콘서트의 무대가 정면으로 보이는 중앙 부분, 시멘트 계단 한 칸 걸터앉아 바야흐로 메모 중이었다.) 더구나 4~50대 중년 여성 팬들이 일제히 일어나 춤을 추니, 그녀들 불특정 다수의 엉덩이들 사이로 얼핏 설핏 바라다 보이는 무대 보랴, 음악 느낌 메모하랴, 객석의 콘서트 반응 보랴 분주한 나를, 당진 댁 그녀가 보기엔 또 하나의 조용필 팬이긴 한데 좀 특이한 인간쯤으로 여겼지 싶다.

3. 헬로 쇼 케이스

에라 모르겠다! 다 알겠죠?

2013년 4월 23일 서울 올림픽 공원 내 올림픽 홀에서, 조용필 19집 앨범 헬로 쇼 케이스가 2천명 팬들이 운집한 가운데 열렸다. 그때 예정에 없던 김제동의 조용필에 대한 인터뷰가 무대에서 즉흥적으로 이뤄졌다.

김제동: 몇 년간 기다려왔던 일인데 여러분 연호하세요!
(터져 나오는 박수와 환호) 지금 기분이 어떠세요?
조용필: 떨려요. 바운스 되는데.. 이게 말을 잘 안 듣는데...
(조용필이 귀에 꽂고 있던 이어폰이 떨어져 내려 다시 고쳐 꽂는다.)

김제동: 그래요 저희들은 몰랐습니다.
조용필: 반갑습니다. 마음 같아선 10년 동안 내년에 내야지 내

년에 내야지 마음만 앞섰다가... 그게 잘 안돼요. 하다보면 또 꾸겨버리고 또 휴지통 들어가고 휴우... 10년 걸렸어요. 지금 저는 신인 같은 기분으로 하는 거거든요. 이렇게 앨범 내는데 왜 이렇게 힘들고, 이게 괜찮을까 편하게 마음먹어도 그랬고.. 그래서 이번에 에라 모르겠다.

김제동: 조용필씨는 에라 모르겠다! 앨범을 내도 우린 다 알겠죠? (객석을 향해) 그리고 마음 같아선 휴지통에 꾸겨 넣었다는 그 노래, 저희들이 다 찾고 싶은 심정 이예요. 그리고 조용필 씨가 무대에서 떨려하는 모습은 진짜 처음 뵙는 것 같아요.
조용필: 네, 마음 속 그... 뭐, 코미디 프로나 매스컴에서 나오는... 이런 거 보면 제가 닮아가는 것 같아요. 앨범 내 놨을 때도 전혀 안 보려고 노력하거든요. 괜히 그럴까봐? (마음이 들뜰까 봐 라는 뜻, 여기서 약간 애교 섞인 목소리)

김제동: 저 죄송하지만 지금 애교부리십니까?
조용필: 그럼 안 부리니?
(이때 조용필, 김제동의 어깨를 친근한 느낌으로 가볍게 장난스레 친다.)

김제동: 어쩌면 그런 애교가 순간적으로 나오세요?
조용필: 아니 난 그게 아니었는데..

김제동: (객석을 향해) 아, 보셨죠?

조용필: (객석을 향해) 저는 그런 뜻에서 한 게 아닙니다.

김제동: 이런 귀요미 같으시니..
(객석에서 귀요미! 귀요미!를 연호한다.) 사실은 원래 이 인터뷰가 예정에 없었는데... 사실 보통 선생님이라고 부르는데 저는 선생님 소리가 잘 안 나와서, 그냥 형님이라고... 부르겠습니다.

조용필: 아니 그냥 용필아 그러지...

김제동: 알아들어.

조용필: 우리 가만 보니까 놀고 있어.

    이 인터뷰에서 조용필은 김제동이 '엄마와 아들이, 아빠와 딸이 함께 들을 수 있는 그런 노래를 만들고 있지 않나요?'라는 질문에 '하여튼...' 하고 겸손해 하며 '음악이 좋아서 하는 것'이고 '앨범 만들어 놓고 너무 후회하고 그러는데, 저를 밖으로 내 보내보자 해서 만든 앨범'이라고 말한다. 그리고 '이렇게 될 줄 몰랐다'고 반응이 좋을 줄 몰랐다는 뜻의 말을 했고, 일단 '팬들에게 선물할 수 있는 이 자체가 좋았다.'고 답한다.

    이후 김제동은 '19집이니까 이제 사람으로 치면 열아홉 살이니 앞으로, 청년이 되는 스무 살의 앨범 20집도 듣고 싶다.'고 부탁

했다. 그리고 끝으로 김제동은 '기도하는'을 불러 달라고 부탁한다. 그러자 조용필은 '이게 준비가 필요하다며 여러분들이 긴장을 해 주셔야 한다.'고 했고 '자신도 긴장해야 한다.'고 말한 다음 잠시 숨을 고른 뒤, 그의 히트 곡 '비련'의 첫 소절 '기도하는~!'을 불렀고 객석에서는 역시나 예외 없이 '꺅!' '오빠!' 비명이 여기저기서 터져 나왔다.

인생은

어떤 감언이설로도

미화할 수 없는

고통이며 투쟁입니다

마냥 곱기만 한

목소리로

어떻게 인간의

기쁨과 슬픔,

두려움과 증오를

표현할 수 있겠어요?

마리아 칼라스(1923-1977, 소프라노)

… # #2. 조용필
Best of Best 5

STEREO SIDE **A**

SLK-1009

33 1/3

ALL RIGHTS OF THE RECORD PRODUCER AND OF THE OWNER OF THE WORK

REG NO 21 MINISTRY OF CULTURE & PUBLIC INFORMATION
R O K MANUFACTURED BY SEO RA BEOL RECORD CO SEOUL KOREA

조용필 (안치행편곡집)
너무 짧아요

1. 너무 짧아요
2. 돌아와요 부산항에   2:35
3. 정   2:28
4. 돌아오지 않는강   3:08
5. 생각이 나네
6. 해변의 여인

1. 돌아와요 부산항에

어느 구름에 비 들었는지 모른다

趙容弼

너무 짧아요/ 돌아와요 부산항에/ 정/ 돌아오지 않는 강

Side A
1. 너무 짧아요(작사 윤철, 작곡, 조용필)
2. 돌아와요 부산항에(작사 황선우, 작곡 황선우)
3. 정(작사 김학송, 작곡 김학송)
4. 돌아오지 않는 강(작사 임택수, 작곡 임택수)
5. 생각이 나네(작사 조용필, 작곡 조용필)
6. 해변의 여인(작사 박성규, 작곡 박성규)

영 사운드

Side B
1. 긴 머리 소녀(작사 이수현, 작곡 안치행)
2. 아름다운 밤(작사 장현종, 작곡 안치행)
3. 옛 추억(작사 안치행, 작곡 안치행)
4. 사랑은 샘물처럼(작사 안치행, 작곡 안치행)
5. 꿈속의 여인(작사 안치행, 작곡 안치행)
6. 너와 나(군가)

위의 노래들이 수록된 LP 음반은 1976년 10월 15일 서라벌 레코드에서 발매한 조용필의 비정규 앨범. 물론 조용필은 1980년 발표한 '창밖의 여자'부터 스튜디오 정규 앨범이라 공식인정 해온지 오래이다. 하긴 위의 앨범을 정규 앨범으로 넣을 수 없는 게, Side A면은 조용필의 노래들이지만 Side B면은 기타리스트이며 최 헌의 '오동잎'의 기획제작자이자 작사, 작곡가인 안치행이 리더였던 그룹사운드 '영 사운드'의 노래들이다. 말하자면 둘 이상의 아티스트 음원을 모은 스플릿 앨범. 지난 시절 앨범 내기란 너무나 어려운 하늘의 별따기, 그래서 대여섯 명의 가수들 노래가 함께 실린 옴니버스 앨범이나, '조용필'과 '영 사운드' 이런 식의 스플릿 앨범들이 많았다.

위의 스플릿 앨범에서 조용필은 A면 1번 트랙 '너무 짧아요'가 대중적으로 알려질 거란 기대가 있었다. 하지만 대중들은 뜻밖에도 '돌아와요 부산항에'를 선택한다. 그래서 대중음악계에서는 예전부터 히트는 '언제, 어떤 곡'이 대박 날지 모른다는 뜻으로 '어느 구름에 비 들었는지 아무도 모른다.'는 말이 전해진다. 더불어 국민가요 같은 대히트곡이 나오려면 '병풍에 그려진 닭이 세 번 울어야만' 가능하다고 한다. 병풍에 그려진 닭이 울리도 없지만 그것도 세 번씩이나 꼬끼오 하고 울어야만 국민가요 급 히트곡이 나온다 하니 그만큼 어려운 게 대히트의 행운이다.

조용필의 '돌아와요 부산항에'는 이미 1970년 12월 16일 유니버설 레코드에서 김해일의 '돌아와요 충무항에'란 노래로 먼저 발매 된다. 가수 김해일의 본명인 김성술 작사, 황선우 작곡이었다. 김해일은 '돌아와요 충무항에' 외에도 '떠나간 당신' 등 모두 4곡을 그 앨범에서 노래한다. 그러나 인기가수의 꿈을 안고 발표했던 '돌아와요 충무항에'의 김해일은 음반발표 1년 후인 1971년 크리스마스이브를 넘긴 12월 25일 오전, 사망자만 166명이었던 서울 중구 충무로의 대연각 호텔 화재사건 때 사망한다. 김해일, 그의 나이 26세였고 이후 유족들은 그의 음반을 모두 회수해 불살랐다. 그리고 '돌아와요 충무항에' 이 노래는 영영 잊혀 질 뻔 했으나 작곡가 황선우에 의해 '돌아와요 부산항에'로 제목과 가사가 바뀌어 다시 부활했다. 원곡의 가사는 다음과 같다.

돌아와요 충무항에

김성술 작사, 황선우 작곡, 김해일 노래

1.
꽃피는 미륵산에 봄이 왔건만
임 떠난 충무항은 갈매기만 슬피우네
세병관 둥근 기둥 기대어 서서
목메어 불러 봐도 소식 없는 그 사람
돌아와요 충무항에 야속한 내 님아

2.
무학새 슬피 우는 한산도 달밤에
통통배 줄을 지어 웃음꽃에 잘도가네
무정한 부산 배는 님 실어가고
소리쳐 불러 봐도 간 곳없는 그 사람
돌아와요 충무항에 야속한 내 님아

질긴 인연

김해일이 불렀던 '돌아와요 충무항에'를 조용필은 1972년 처음 '돌아와요 부산항에'로 제목과 가사 일부를 개사해 다시 부른다. 하지만 조용필의 72년 버전은 1976년 조용필이 두 번째로 다시 부른 '돌아와요 부산항에'와도 또 다르다. 1972년 버전 '돌아와요 부산항에'는 조용필 특유의 그 강렬함 대신에 '어? 조용필이 이런 식의 노래도 불렀었나?' 하고 갸우뚱 할 수 있다. 이남이가 연주한 기타 사운드도 12현 아쿠스틱 기타 분위기였다.

돌아와요 부산항에(1972)

황선우 개사, 황선우 작곡, 조용필 노래

1.
꽃피는 동백섬에 봄이 왔건만
님 떠난 부산항은 갈매기만 슬피우네
오륙도 돌아가는 연락선마다
목메어 불러 봐도 말없는 그 사람
돌아와요 부산항에 그리운 내 님아

2.
해 저문 해운대에 달은 떴는데
백사장 해변 가에 파도만 밀려오네
쌍고동 울어주는 연락선마다
소리쳐 불러 봐도 말없는 그 사람
돌아와요 부산항에 보고픈 내 님아

1970년 김해일의 '돌아와요 충무항에'와 달리 1972년 조용필의 '돌아와요 부산항에'는 '꽃피는 미륵산에'에서 '꽃피는 동백섬에' 등으로 바뀌었다. 이게 다가 아니다. 조용필은 4년 후, 1976년 드디어 '돌아와요 부산항에'를 다시 부른다. 그래서 '목메어 불러 봐도/ 말없는 그 사람'은 '목메어 불러 봐도/ 대답 없는 내 형제여'로 또 다시 개사된다. '돌아와요 부산항에/ 그리운 내 님아'는 '돌아와요 부산항에/ 그리운 내 형제여'로 달라졌다. 비로소 지금 우리가 듣고 있는 '돌아와요 부산항에'로 최종 가사 정리가 된다. 다음과 같이 말이다.

돌아와요 부산항에(1976)

황선우 작사, 황선우 작곡, 조용필 노래

1.
꽃피는 동백섬에 봄이 왔건만
형제 떠난 부산항에 갈매기만 슬피우네
오륙도 돌아가는 연락선마다
목메어 불러 봐도 대답 없는 내 형제여
돌아와요 부산항에 그리운 내 형제여

2.

가고파 목이 메어 부르던 이 거리는
그리워서 헤매이던 긴긴날의 꿈이었지
언제나 말이 없는 저 물결들도
부딪혀 슬퍼하며 가는 길을 막았었지
돌아왔다 부산항에 그리운 내 형제여

오로지 전진

조용필은 1976년 대박을 낸 국민가요 조용필과 그림자의 '돌아와요 부산항에'에 대해서 '그때는 가수를 하겠다는 생각도 없었고, 떠밀려서 했기 때문에 내 앨범이라고 할 수 없다.'며 자신의 공식 '정규 스튜디오 앨범 1집'으로 1980년 100만장 이상 판매된 빅 히트 앨범이며, 1980년대 새로운 시대의 변화를 주도한 조용필의 걸작 '창밖의 여자'를 첫 손가락 꼽는다. 그리고 이 앨범에 또 다시 녹음돼 수록된, 조용필과 위대한 탄생의 1980 '돌아와요 부산항에'야 말로 조용필의 음악이 마음껏 꽃 피어나고 흐드러지기 시작했음을 알리는, 또 하나 중대한 전환점이자 신호탄임을 기탄없이 들려주고 있다.

1980년 조용필의 '돌아와요 부산항에'는 조금도 머뭇거림이 없다. 한 치의 흔들림도 없다. 그것은 오로지 전진한다. 갈매기 소리와 뱃고동 소리 들려오는 가운데, 장엄한 기타 전주가 담대하고도 대담하게 첫 소리부터 우리들을 사로잡는다.

리듬 기타는 약간 훵키하고, 베이스 기타는 격한 디스코의 호흡을 절제 중이다. 조용필의 노래는 터질 듯 뿜어져 흘러나온다. 마치 음악의 용암 같다. 1970년대라는 억압의 시대적 상황을 종료하고 새로운 자유의 시대, 즉 서울의 봄을 그리워하는 모두의 염원, 사랑과 희망의 시대를 향한 꿈이 하나로 결집된, 조용필의 위대한 목소리가 곧장 가슴으로 육박하듯 밀고 들어온다. 그렇다. '돌아와요 부산항에' 이것은 노래가 아니다. 하나의 바다가 억겁 아니 그 이상의 검푸른 파도 갈기로 일어서는 한국인의 저력, 이 땅의 모든 한 맺힌 것들이 푸른 꽃으로 돋아나는 순간이다.

꽃이 피네

그렇다. 조용필의 1980 '돌아와요 부산항에'는 노래가 아니라 억울하고 원통한 이 땅의 전쟁과 전쟁 같은 삶과 사랑의 원혼들, 그 모든 을(乙)들의 피울음이다. 조용필의 '돌아와요 부산항에'의 그 호흡은 바람이 불어올 때마다, 또 다시 함께하는 이제는 자취 없는 어느덧 보이지 않는, 꽃들의 새로운 피어남이다.

그래서 우리들이 무슨 뜻인지도 잘 모르면서, 어린 시절 한옥

집 마당가에 피어나던 땅꼬마 채송화, 예쁜 분꽃, 흐드러진 달리아, 키 큰 누나 같던 해바라기, 동네 음악대 나팔꽃, 설거지를 위해 이 땅에 태어난 수세미 꽃들을 바라보다가 문득, 어른들이 하던 말을 그대로 따라 흉내 내며 '어? 꽃이 피네!' '꽃이 피네..'라고, 그 작고 어린 입술로 중얼거리며, '꽃'(花)이 '피'(血)라는 것을 먼 훗날, 결국 알게 되고야 마는, 그 '야멸찬 인생'이라는 고된 삶의 여행길, 그 피난길에 조용필의 노래 '돌아와요 부산항에'는 하나의 예언처럼, 그런가하면 가장 살갑게 다가서는 진정한 친구처럼 우리들 앞에 나타났던 것이다.

2절은 더 죽인다. '돌아와요 부산항에' 1절 보다 좀 더 세찬데, 좀 더 기가 막혀 숨죽여 흐느낀다. 조용필의 노래는 일종의 통곡. 그렇다. '누가 사라졌는가?' '누가 떠나서 결코 돌아오지 못했는가?' '누가 그토록 빈곤에 지쳐 쓰러져 갔는가?' 그래서 조그만 무덤 하나 없이 '길가에 꽃이 되고 말았는가?' 그래도 어느 외톨이 간이역의 드넓고, 드높았던 그 푸른 하늘 물들이는 붉은 저녁 노을로 피어나 '말없이 미소 짓는가?'

세상에 그토록 '곱게 피어나' 그토록 '거친 삶을 증언하고 노래하는 꽃 같은 이들, 누구신가?' 더구나 그것도 해마다 돋아나고 피어나고, 간밤 비바람에 또 다시 모조리 쓰러져, 몸겨누워 결국 또 지고야 마는 하지만 이듬해 봄 햇살 비쳐오면 또 다시 연두와 초록의 날들이 이 땅에 찾아오면, 또 다시 스멀스멀 꽃들은, 또 다시 푸른 하늘이라는 거울 우러르며, 또 다시 살캉살캉 웃으며, 그러나 급기야 당차게, 마침내 대차게, 우뚝한 No.1의 느낌표로 일어서는, 저 꽃들의 비상, 사랑과 평화와 욕망과 소망의 키 작은 색깔 있는 우주선들! 그 이야기 그 역사를 '조용필은 저토록 소리 없이 눈물짓는가?'

그렇다. 조용필의 저 노래는 5천만의 아우성, 이 땅을 일구어 가꾸고 보살피다, 그렇게만 살다 말 없이 떠나간 그들이 흘린 닭 똥 같은 눈물, 그 눈물바다가 이룩해 낸 5천년 '역사의 강물'이 조용필을 통해 '우리들에게 찾아 와' 무언가 '눈짓하고 있는' 것이다. 그 눈빛에 어린 '피멍 같은 그 무엇' 이야기하고 있는 것이다. 그토록 '그리워서 헤매이던/ 긴긴날의 꿈' 5천년을 관절염이 걸리도록 걸었건만 아직도 멀디 먼 저 꿈을 말이다.

막걸릿집 여자

미당 서정주 시인의 널리 알려진 시가 있다.

선운사

서 정 주

선운사 고랑으로
선운사 동백꽃 보러 갔더니
동백꽃은 아직 일러 피지 않았고
막걸릿집 여자의 육자배기 가락에
작년 것만 시방도 남았습디다
그것도 목이 쉬어 남았습디다

위의 시 선운사(禪雲寺)는 서정주 시인의 시집 '동천'(1968)에 수록됐었다. 나도 한때 참 좋아하던 시, 그 중에서도 '목이 쉬어 남았습디다' 이 종행 때문에 전율 엄습했고, 나 또한 목이 꽉 메어왔었다.

위의 시 선운사를 놓고 그 시의 맛을 절절하게 풀어낸 '수졸재 주민'이라고 스스로를 소개하는 장석주 시인의 글이 그의 인터넷 블로그 '시골 아저씨'에 실려 있다. 그 일부를 옮긴다.

'... 귀는 소리를 끌어안으며 소리와 몸을 섞고 일체를 이루는 것이다. 그리하여 어떤 소리는 귀청에 가 닿는 게 아니라 마음의 애잔한 부분에 가 닿아 녹아내린다. 낮술에 취해 듣는 그 가락의 청승맞음은 이 세상의 모든 굳센 것들의 마음을 녹인다. 아마도 동백꽃을 보러 왔다가 동백꽃을 보지 못하고 돌아가게 된 시인의 마음도 녹였으리라. 이 시를 읊조려보면 어느덧 막걸릿집

여자의 신산스런 막살이의 켜켜에 더깨로 앉은 시름이 육자배기 가락으로 녹아 가만히 흘러나온다.'

그렇다. 인도에서는 인도 음악의 가장 중요한 첫 번째 요소를 '라가'라 한다. '라가'에는 '물들인다.'라는 뜻이 깃들어있다. 즉, 흐르는 강물 같은 멜로디로, 혹은 내리는 빗물 같은 리듬으로, 더러는 파도치는 바닷물 같은 흐느낌과 그 눈물을 '사람들 마음 속'에 떨구고, 마침내 '물들인다.'는 얘기가 되는 것이다.

그래서 시인은 '동백꽃에 물들고 싶어' 선운사를 찾고 그 '동백꽃 피고 짐을, 다 살펴보고 지켜 본' 막걸릿집 여자는 이미 '동백꽃물이 온 몸에, 흘러넘치도록 물들어'있고, 그래서인지 그녀의 목소리로 노래하는 '육자배기에도 넉넉히' '그 동백꽃물 자욱'할 것만 같다. 그러나 가장 나중에 떨어진 동백꽃잎 한 잎의 '그녀의 몸뚱아리'에 '기대인 물듦'도 이제 한 일 년 지내다 보니, 그 물든 것이 처음처럼 짜릿짜릿, 아찔아찔하기 보다는 바람 따라 세월 따라, 그 빛이 바래었는지 혹은 '혼신을 다해 육자배기 부르느라' 그 소리길 따라 어디론가 헐렁헐렁 흘러 나갔는지, 대충은 '물 빠지고 빛바래어' 낡은 청바지처럼, 허옇게 희미하게 '텅 빈 듯, 몹시 허전한 듯', 쉰 목소리에 '얼룩처럼 눈물처럼' 참으로 희미하게나마 모질게도 남아있고야 마는 것이다.

화장 안한 여자의 지분 냄새

꽤 오래 전 어느 여인이 내게 문득 이런 말 툭하고 던졌다. 글쟁이들이 함께 갔던 여수 여행길, 동백나무 앞을 지나다 바버리 코트가 잘 어울리는 그 여인은 그날 처음 본 사이였는데, 무심코 지나치던 내게 '동백꽃에서는 화장 안한 여자의 지분 냄새가 나요.'라고 한마디 불쑥 건네 왔다. 그 말은 반쯤 혼잣말 같기도 했지만, 분명 그 공간에는 우리 둘밖에 없었고 내 눈을 정면 응시했기에, 틀림없이 내게 던진 말이었다. 하지만 나는 그 순간 얼떨떨한 채 아무 말을 못했다.

지금 같았다면 혼비백산의 정신 가까스로 수습해 아마도 '말씀하신 지금 그 분 닮았네요.' 정도 리액션 했을텐데 그러질 못했다. 일단 당황했다. 내가 오버하는지는 모르겠으나 그 순간 그 여인은 나와 말을 나누고 싶어 그렇게 한마디 던진 것 같았는데, 나는 거액의 상금 걸린 퀴즈 쇼 나온 녀석처럼, 너무 그 말의 해석에만 치중해 정답을 맞추려했다. 그래서 '화장을 안했는데 지분 냄새가 난다'는 그 오묘한 뜻을 잠시 생각하느라 대답의 타이밍을 놓쳤다. 가슴 향해 던진 말, 머리로 접수한 탓이었다.

그러자 마자 그녀와 동행하던 후배 여자들 어느새 한둘 나타나 우리 둘의 그 순간 흐트러졌다. 말하자면 그 여인은 내게 '동백꽃 한 송이' 주었는데 그걸 그대로 받아들고 감사한 마음으로 웃던가, 그냥 선선히 한마디쯤 멋지게 답했으면 좋았으련만 그러지 못하고, 숙제 받아든 아이처럼 잠시 낑낑댔던 것이다.

그 순간 나는 '화장을 안했는데 왜 지분 냄새가 나지?' 이렇게 곧이곧대로 고지식하게 받았다. 화장을 안했지만 '화장했던 어제'였거나 혹은 '오늘 아침'이었거나 그 화장을 한 지분이 '지금은 지워졌으나' '어딘가 아주 엷게나마' '그 향이 남아있을 수' 있는 것인데 아차, 그 생각 못했다. 말하자면 '막걸릿집 여자의 육자배기 소리'에 '지난해 피었던 동백꽃이' '목이 쉬어 남았듯이' 그렇게 '화장 안한 여자의 두 뺨에' '지분냄새가 따스하게 남아있을 수 있다'는 생각을 그때는 못하고 말았다. 그러나 20년 전쯤의 일임에도 내 가슴엔, 지금도 그녀의 그 목소리의 나른하면서도 여린 듯한, 그러면서도 동백꽃잎 같은 블루지한 붉은 느낌이, '겨울꽃잎의 온기처럼' 그렇게 보드랍게 남아있어 그 향의 여운이 왠지 얼른 떠나지 않고 있다.

꽃피는 동백섬

동백꽃이 피어나는 동백섬은 여수에도 있고 조용필의 '돌아와요 부산항에'의 노래 첫 머리에 등장하는 해운대에도 있다.

꽃 피는 동백섬에

봄이 왔건만

형제 떠난 부산항에
갈매기만 슬피우네

이렇게 시작되는 '돌아와요 부산항에'는 1976년 최고의 인기를 누린다. 1999년 12월 23일 동아일보 기사에 따르면 조용필과 그의 히트곡 '돌아와요 부산항에'가 '20세기 최고의 가수와 가요'로 선정됐다는 기사를 싣는다. MBC가 한국 갤럽에 의뢰한 서울의 성인 1,011명을 대상으로 '20세기 한국인의 노래 100곡'의 조사 결과 발표였다. 참고로 2위는 김정구의 '눈물 젖은 두만강', 3위는 양희은의 '아침 이슬', 4위는 '아리랑', 5위는 이미자의 '동백 아가씨' 순이었다.

1983년 9월 12일 동아일보 기사에 따르면 조용필의 '돌아와요 부산항에'를 일본 가수 마스이 야마(增蔚山太之朗) 등 10명이 취입해 경쟁하는 가운데 조용필 본인이 일본에서 발표한 '돌아와요 부산항에'는 앨범, 싱글, 카세트 합해서 10만장 이상이 판매됐고, 이런 붐을 타고 NHK에서는 같은 해 11월 8일 쇼 프로그램 'NHK 가요 홀'을 통해 '돌아와요 부산항에' 특집방송을 방영키로 했는데, 프로그램 구성은 '돌아와요 부산항에'를 노래한 10명의 일본인 가수 전원과 스페셜 게스트로 조용필을 초대한다는 내용이었다.

부산 새벽다방

부산의 다운타운 새벽다방에서부터 인기의 돌풍을 몰고 온 조용필의 '돌아와요 부산항에' 대박히트에는 이런 배경이 있었다. 1970년대는 '때려잡자 김일성 무찌르자 공산당' '초전박살 즉각 응징' 등의 구호가 무수히 휘날리던 반공의 시대였다. 따라서 재일교포들이지만 조총련 즉, 북한을 추종하는 사람들은 국내에 들어 올 수 없었다. 그러나 정부 일각에서 오히려 이들을 포용함으로서 그들이 조총련에서 벗어나 민단으로 올 수 있게 하자는 긍정적 변화를 유도해내 위해, 조총련 모국방문단을 국내에 초대한다. 그 결과 북한의 일방적 선전에만 매달리던 그들은 포항제철 등을 둘러보며 남한의 발전상을 눈으로 목격하고, 한강의 기적을 몸으로 체험한다. 그런 가운데 더욱 이들의 가슴을 울려댄 노래가 바로 '돌아와요 부산항에'였다.

더구나 그 가사가 '형제 떠난 부산항에/ 갈매기만 슬피우네'라는 이별을 거쳐 '돌아와요 부산항에'라는 권유와 손짓으로 1절이 마무리 되고, 2절에서는 '가고파 목이 메어/ 부르던 이 거리'는 '긴긴 날의 꿈이었지'라는 허망함이, 역사의 파도에 '부딪혀 슬퍼하며/ 가는 길을 막았었지'라고 좌절한다.

하지만 이윽고 재일동포 모국방문단은 그 파도를 넘어 마침내 '돌아왔다 부산항에/ 그리운 내 형제여'로 어느새 저마다 꿈결 같은 노래의 주인공들이 되어, 1절의 '돌아와요 부산항에'의 초대에 응답해 부산항 부두를 밟는 결코 밟을 수 없었던 땅, 갈 수 없는 나라가 더 이상 아니라는 감격에 젖어들 수 밖에 없었다.

위대한 광대들

또 하나 가슴 뜨거운 조용필의 라이브 '돌아와요 부산항에'가 있다. 그것은 2003년 8월 30일 잠실 올림픽 주경기장에서 비가 오는데, 진행됐던 대한민국 콘서트 사상 최초 5만석 매진의 경이적 신기록을 선보인, 조용필 35주년 기념 라이브 콘서트 'The History'에서였다. 비가 와서 푸른 무대도 젖었고, 저마다 비옷을 입고 조용필의 '돌아와요 부산항에'의 비트에 맞춰 손 올려 팔을 젓던 팬들도, 그들이 흔들던 초록색 야광봉도 모두 젖었다. 조용필의 검은 머리카락도, 그가 쓴 아주 옅은 보랏빛 색안경도, 코러스 걸들을 위한 흰빛 차일도, 조용필을 향해 무대를 향해 쉼 없이 뿌려지는 꽃 같은 흰빛 색종이들도, 위대한 탄생의 드럼 소리도, 최희선의 기타 사운드도, 그 둔중한 베이스 기타 소리도 조용필의 목소리도 어느새 젖어있었다.

5만 관중의 함성도, 특수효과의 안개도, 스피커를 보호하기 위한 비닐들도, 빗속에서도 조금도 흐트러지지 않고 조용필의 노래와 함께하는 객석의 마음도, 모두들 하나로 젖어 어디론가 떠나가고 있었다. 그런 조용필 팬들의 위대함을 바라보며, 조용필은 마침내 노래의 끝자락 '그리운 내 형제여'를 마치며, 한숨인 듯 대견한 듯, 감사한 듯 그렇게 미소 지었고 그런 가운데 커다란 범선의 여러 개의 돛을 닮은 웅장한 무대 막이 닫혀 지고 있었다.

이런 것이 바로 사랑의 관계다. 헤어지기 싫어서, 함께 있으면 너무 평화로우니까 '비쯤이야, 그쯤이야' 하고 조용필을 위해, 관객 스스로를 위해 둘 사이의 만남을 위해, 5만 객석은 오만하긴커녕 전혀 산만하지도 않았으며, 오히려 충만 일변도로 콘서트의 열기를 행여나 식힐세라 오직 아름다웠고, 오직 순수했다. 커다랗게 드넓게 함께 '위대한 광대들'로 한판 멋들어진, '잠실벌의 전설'을 만들어 내고야 말았다. 이런 위대한 탄생을 누가했는가? 조용필이 시작했고 자칫 비가 와서 분위기 가라앉고 초라할 뻔했던 콘서트를, 그 만남을, 조용필과 위대한 객석의 모두가 함께 하나 되어 날씨 초월, 사랑의 기적을 이룩해 냈다. 콘서트의 새로운 역사 'The History'를 써 나갔다.

올 것이 왔구나

이제 조용필의 '돌아와요 부산항에'의 1976년 버전 그 시절의 노래로 돌아가 본다. 그 무렵 한국의 모든 거리와 골목길과 산천은 조용필의 '돌아와요 부산항에'로 물들었었고 범람했었다. 그 시절 나는 어느 선배가 돈 때문에 곤란한 상황이어서, 돕고는 싶었으나 마침 나 역시 빈 털털이어서, 집에서 보던 TV를 전당포에 잡히고 약간의 돈을 마련해 그 선배를 만나러 가는 길이었다. 그때 길거리 전파사에서 조용필의 '돌아와요 부산항에'가 내 귀에 들려왔는데, 그건 이미 온 몸으로 나를 엄습했다. 그 노래는 절규, 강력한 외침, 탁한 허스키, 먹구름 잔뜩 끼고 바람 몹시 부는 해일 동반의 태풍의 예고 같았다. 나는 그 순간 왠지 맥이 탁 풀리며 '올 것이 왔구나!' 그런 생각이 들었다.

맥이 탁 풀렸다는 것은 그 이전의 다른 음악에 기대어 살며, 그 리듬에 내 맥박과 심장의 박동, 혈류의 스피드가 영향 받고, 이따금 지배당했었는데 이제 그 모든 음악들을 단숨에 한방에 밀어내고, 새로운 리듬과 소리가 조용필의 사운드가 나를 점령하기 시작했다는 얘기가 된다. 그것은 거부가 불가능한 그 무엇이었다.

그때가 서울 성북구 우이동의 장미원 살 때였는데 지금도 잊히지 않는다. 그 노래가 들려오던 그 언덕길, 주변 주택가와 작은 가게 등의 풍경들이 '돌아와요 부산항에'가 흘러나오면서, 갑작스레 무심했던 그 모든 것들이, 느닷없이 어떤 표정을 짓기 시작했고 갖기 시작했다. 마치 잠자던 숲 속의 공주가 백마 탄 왕자의 키스에 의해서 오랜 잠에서 풀려 나오는 것만 같았고, 그것은 환각이라기보다는, 실화 같았다. 그렇다. 조용필의 그 노래는 '감성의 노래라기보다는 '감정의 노래' '열정의 노래' '격정의 노래'였고, 무언가 말 못하는, 말로는 설명 할 수 없는 인간 내면 깊숙한 곳에 자리 잡고 있던, '혼의 깨어남 그 발화' 같은 것이었다.

조선시대 성종 23년(1493년)에 만들어진 악학궤범(樂學軌範)에 보면 이런 말이 나온다.

악(樂)은 하늘에서 나서
사람에게 붙인 것이요

허(虛)에서 발하여
자연(自然)에서 이루어지니

이는 사람으로 하여금
느끼게 하여

혈맥(血脈)을 뛰게 하고
정신(精神)을 유통(流通)케 한다

늘 아무리 봐도 정말 두고두고 봐도 명문장인데, 그야말로 음악을 어쩜 이렇게 단 여덟 줄로 명쾌하게 간결하게 하지만 가장 깊이 있게, 밀도 있게 어김없이 제대로 설명을 딱 부러지게 해 놨는지 이 책의 저자 성현(成俔/ 1439-1504)님께 진정한 감사를 고개 숙여 표현 할 수밖에 없다.

성현이 기록한 '혈맥(血脈)을 뛰게 하고 정신(精神)을 유통(流通)케 한다'라는 그 음악적 효용성이 절절하게 드러난 노래가 바로 내가 1976년 선배를 위해 전당포를 다녀오던 그 언덕길에서 문득 나의 온 몸으로 흘러 들어오던 조용필의 '돌아와요 부산항에'였다.

한의 강물 꿈의 바다

지난 시절 나는 20대 초반, TV에서 보았던 '돌아와요 부산항에'를 목 놓아 부르던 조용필의 암팡진 모습을 결코 잊을 수가 없다. 그것은 마치 화인(火印)처럼 내 가슴에 이미 오래전부터 각인(刻印)돼있다. 그렇다. 맨 처음 TV 쇼에서 조용필을 보는데 유난히 특이했던 것은 단 한 번도 웃거나 미소 짓지 않았다는 것, 그리고 오직 음악에만 노래에만 몰두하고 집중했다는 것, 마치 이 세상엔 음악 하나밖에 없는 것처럼 잠시 착각을 불러일으킬 만큼, 그렇게 나까지 그의 노래에 흠뻑 빠져들게 했다는 것, 그리고 그의 양 볼이 노래하다 보면 이따금 뽈록해지는데 그 모습이 대단히 실례가 될지도 모르겠으나, 왠지 여성 팬들에게 귀염성 내지 모성애를 불러 일으키겠구나란 생각도 갖게 했었다는 것, 그리고 노래하는 그 시간 속에서 그는 시청자에게 잘 보이겠다는 어떤 요염이나 교태나 달콤해 보이기 위해서 부리는, 어떤 몸짓이나 교성 등 그런 따위의 자잘한 신경을 일체 쓰지 않았다는 것, 그것이 나는 너무 좋았고 솔직히 그로 인해 '전율과 압도'를 동시에 느낄 수밖에 없었다. 아마도 많은 사람들이 그런 생각을 했을 것 같다.

이 글을 쓰던 중 유투브(www.youtube.com/watch?v=2zGtz3Rc8Dw)에서 조용필의 '돌아와요 부산항에' 그 시절 TV쇼 동영상을 보며 나도 모르게 문득 눈물이 흘러 내렸었다. 왜 그럴까? 그냥 그의 목소리가 슬펐고, 많이 외로웠고 그래서 조용필! 그의 목소리와 노래야말로 한(恨)의 강물이고, 꿈의 바다인 것만 같았다. 그래서 어쩌면 조용필에게서 한국인들은 가장 믿을 수 있는 오빠, 선배, 친구, 연인 같은 그런 감정을 느끼는 것인지도 모르겠다. 그래서 '다시 살고 싶게 하는' 그의 노래를 들으며 불현듯 '아무도 내 맘 몰라준다 해도' 저런 노래를 부르는 '조용필만큼은' 그래도 '내 마음 알아 줄 거야'라는 기대감을 갖게 하는 특별한 '치유의 노래'가 '조용필의 소리'인 것이다.

7612-2379

1976년 12월에 공륜의 가사와 악보 심의를 2379번째로 통과했다는 의미의 '7612-2379' 이 공륜심의필 번호는 조용필의 '돌아와요 부산항에'의 고유 심의필 번호이고, 이 번호 없이 음반발매를 하면 불법 음반이었다. 하지만 공륜(공연윤리위원회) 자체가 불법기관이라면서 정태춘은 1990년 비합법음반 '아, 대한민국'을 발표한다. 이어서 1993년에는 '92년 장마, 종로에서'를 역시 공륜 사전심의를 거부한 채 발표했고, 헌법소원을 청구했다. 결국 1996년 헌법재판소로부터 '음반사전심의제 위헌 판정'을 받아낸 바 있다. 당시 굉장히 고독한 저항이었다. 온 몸으로 불법에 맞서 싸운 정태춘, 그가 창작인의 자유를 위해서 싸운 날들이 있었기에, 지금은 지난시절 공룡처럼 무섭던 공륜이란 기관도, 공륜의 사전심의도 모조리 사라지고 말았다.

'7612-2379'이 번호를 얻기 위해 '돌아와요 부산항에'의 가사와 악보를 공연윤리위원회에 사전심의를 넣고 허가를 받아, 1976년에 음반을 제작한 이는 바로 '킹 박'이란 별명으로 더 많이 가요계에서 알려졌고 불려 지던 킹 레코드 사 '박성배'사장이었다. 그는 신중현 작사, 작곡으로 펄 시스터즈가 노래한 '커피 한잔'과 '님아'의 제작자이기도 했었다. 그뿐만이 아니라 1980년대에는 양희은, 이문세, 정수라 등의 음반 히트로 여전히 잘 나가는 제작자였다. 그러나 1990년대 후반 그는 문산에 70억 원을 투자해 만든 녹음실의 운영이 어려워지면서 서서히 쇠락의 길을 걷기 시작했고 그의 마지막은 불행하게도 L.A에서 행려병자로 숨을 거둔다.

"돌은 이집트야. 최고지. 피라밋 만들었잖아. 내 녹음실엔 이집트에서 수입한 돌로 드럼 세트자리의 뒷벽을 세웠지. 드럼 소리가 최고지. 최고! 하하…" 이렇게 행복해 하던 박성배 사장이 녹음실을 막 오픈하던 그즈음 여의도에서 소주한잔 나눈 적이 있다. 그때 내가 가장 궁금한 질문을 던졌다.

- '돌아와요 부산항에' 제작할 때 히트 예감이 있었나요?
- 있었지. '돌아와요 부산항에' 녹음할 때 이미 히트 할 거라고 짐작했다고..

- 어떤 점에서 히트할 거라 생각했나요?
- 하아.. 그건 드럼 때문이야. 드럼…

- 그게 무슨 얘긴가요?
- '돌아와요 부산항에'를 듣는데 드럼이 내 심장을 막 건드렸거든… 난 제작할 때 가장 먼저 드럼 소릴 들어. 아, 좋잖아. 그 드럼소리! 내가 만든 음반 중에서 '돌아와요 부산항에' 드럼 소리가 이거야! (그는 엄지손가락을 세워보였다.) 최고지, 최고!

음악평론가이며 성공회 대학교 동아시아 연구소 신현준 연구교수가 대표집필 한 '한국 팝의 고고학 70'을 보면 255쪽에 '등불' '달무리'등의 히트곡을 발표했고, 그룹사운드 '영 사운드'의 리더였던 안치행 코리아 사운드 대표를 만나 인터뷰한 기록이 있다. 거기 1976 조용필의 '돌아와요 부산항에'에 대해서 이런 증언이 나온다.

- (신현준) 조용필과 영 사운드의 스플릿 음반 얘기를 안 할 수가 없을 텐데요. 조용필의 출세작 '돌아와요 부산항에'를 편곡하신 걸로 알고 있습니다.
- (안치행) 그건 축구인 이회택 씨가 조용필의 음반 취입을 부탁해서 나오게 된 겁니다. 조갑출 씨도 다리를 놓아주었죠. 킹의 박 사장이 처음엔 별로 달가워하지 않았지만요. '돌아와요 부산항에'는 기 발표 곡이었는데 개사를 하고 편곡을 달리해서 수록한 거죠. 편곡은 내가 했지만 연주는 녹음실 세션이 했습니다. 실질적으로 그 음반은 PR을 안했는데 한참 지나서 히트하더군요.

또한 이 책에는 그룹사운드 계 보스라고 불리는 드러머이자 그룹사운드 '조커스'와 '25시'에서 활동하던, 조갑출에게도 신현준이 조용필과의 인연을 묻는 부분이 226쪽에 나온다.

- (신현준) 조용필의 '돌아와요 부산항에'에 관한 얘기를 묻지 않을 수 없는 데요. 김희갑님이 '경향신문' '나의 젊음 나의 사랑' (1998.11.13.)에서 '1972년 조용필이 첫 음반을 발표했을 때, 그가 건네 준 곡이 '돌아와요 부산항에'였다고 회고하셨는데, 김희갑님이나 조용필님과는 어떻게 알게 되셨나요?
- (조갑출) 당시 김희갑씨가 저하고 같이 음악 할 때였어요. 김

희갑 악단하고 조갑출의 25시가 앰버서더 호텔 나이트클럽에서 같은 무대에 섰을 때, 조용필이 노래를 하고 그랬을 때였죠. 그 신문에 1972년이라고 나왔지만 1975년이에요. 당시 이미 조용필은 보컬 그룹들 사이에서 노래 잘하기로 인정받고 있을 때였죠.

- (신현준) 조용필 님이 '한국일보'에 쓴 '스타 스토리'(1988.8.15 -9.25)에도 조갑출님의 이야기가 나오더라구요. '25시'의 리더로 있던 조갑출 씨의 제의로 부산 극동호텔에서 그들과 함께 일하던 나는...' 이렇게 나오거든요.
- (조갑출) 그래요. 당시에 (조)용필이가 우리 단체에 있다가 방위를 받아 부산 극동호텔에 가게 됐어요. 거기서 활동하다가 방위 마치고 다시 서울에 와서 킹 레코드 박성배 사장하고 얘기가 돼서 음반을 낸 거죠. 이미 '돌아와요 부산항에'는 극동호텔 내려갔을 때 매일 저녁 연주했고 거기에 영 사운드의 곡을 보충해서 판을 낸 거죠.

이 시절에 대해서 조용필 역시 같은 책에서 몇 가지 사실들에 대한 회고를 하는데 그 이야기의 요점들을 정리 해 보면 다음과 같다.

"그 무렵 발매됐던 세 앨범 즉, '꿈을 꾸리/ 일하지 않으면 사랑도 안 할래'(조용필 스테레오 히트 앨범 1집), 김대환과 김 트리오의 '꿈을 꾸리/ 사랑의 자장가'(드럼 드럼 드럼! 앰프 키타 고고! 고고! 고고!), 조용필의 '사랑의 일기/ 사랑의 자장가'(뮤지컬 사랑의 일기: 변혁 작편곡 제1집)에 대해서 자신의 목소리가 실린 최초의 앨범이 어느 것인지는 잘 기억이 안 난다."

"김 트리오에서의 경우는 기타만 쳤다. 이 시기 음반들은 자신의 앨범으로 볼 수가 없다."

자신이 직접 신경 쓴 "1980년 창밖의 여자 앨범부터가 조용필 음악이라고 결론" 맺고 있다. 그리고 조용필이 군입대하면서 '김 트리오'는 자연스럽게 해체됐고, 그 직전엔 프린스 호텔에서 연주했다. 제대 후에는 잠깐 조갑출이 이끌던 25시에서 활동한다. 이후 1974년, 예전에 함께 음악 하던 동료들과 '조용필과 그림자'를 결성해 동대문에 있던 이스턴 호텔에서 연주했다. 이때가 그룹과 음악에 대한 욕망이 컸다. 그리고 '돌아와요 부산항에'의 경우 뜻하지 않게 히트했으며 본인도 깜짝 놀랐다고 말한다.

이밖에 동아일보 문화부장, 편집부국장 출신이며 조용필이 '창밖의 여자'로 컴백할 때부터 기자와 가수로 인연을 맺은 뒤, 서로의 마음을 읽는 사이로 지내는 홍호표 공연예술학 박사의 저서 '조용필의 노래 맹자의 마음- 킬리만자로의 조용필, 맹자를 만나다'의 20쪽에는 '돌아와요 부산항에'에 대해서 조용필의 이런 회고도 나온다.

- 실은 록 스타일의 곡이예요. 트로트 형식이었지만 록 리듬으로 바꿨고, 전주의 기타는 내가 쳤죠. 트로트가 우리의 정서를 지배하던 시절에 록 리듬이 결합된 신 트로트가 나온 겁니다.

'조용필의 노래- 맹자의 마음'(동아일보사) 이 책의 169쪽에는 조용필의 좀 더 구체적인 '돌아와요 부산항에'에 대한 이런 회고가 또 나온다.

- 새로 취입하면서 '보고픈 내 님아'를 '그리운 내 님아'로 내가 바꾸자고 했고 당시 정부기관에서 일하던 분이 재일동포가 모국을 방문하니까 '내 님아'를 '내 형제여'로 바꾸면 좋지 않겠냐고 해 가사를 바꾼 것이다.

록 & 뽕

이 글은 가왕 조용필의 숱한 히트곡들 중에서도 특별히 더 많은 사랑 받았고, 그래서 더 많이 조용필을 그립게 했고, 그래서 자연히 더 많이 불려 졌고, 더 많이 판매됐고, 더 많이 한국가요계 흐름을 바꿔 놓았으며, 더 많은 한국인들에게 영향 끼쳤고, 더 많이 한국사회와 함께 호흡한 노래들 그리고 무엇보다도 조용필 음악의 뿌리 깊은 노래, 샘물같은 히트곡 들만을 따로 가려 뽑아 '가왕 조용필 BEST OF BEST 5'를 기록해 나가는 중이고, 그 첫

곡으로 '돌아와요 부산항에'를 이야기하는 중이다.

이쯤에서 '돌아와요 부산항에'가 '록 트롯' 혹은 '록 앤 뽕'이란 새로운 장르를 한국가요계에 탄생시킨 바 있는데, 그 노래 속의 록과 트롯에 대해서 살펴보기로 하자. 일단 '록'(Rock)이다. 록은 '비틀즈' 이전 1950년대까지는 로큰롤(Rock & Roll)로 지칭됐었고 50년대 이전에는 흑인들의 '리듬 앤 블루스'(R&B)였다가 백인들이 자신들의 '컨트리 뮤직'(Country Music)을 더해 '로큰롤'이 됐다. 1950년대 중후반 '엘비스 프레슬리'(Elvis Presley) 시대의 음악용어였었다. 그리고 이 록 뮤직을 하던 록 밴드 조용필과 그림자가 트로트 '돌아와요 부산항에'를 노래하면서 자연스럽게 트로트의 록 적인 해석이 생겨났고, 이 노래의 히트 이후 트윈 폴리오 등의 통기타 음악과 신중현의, 소울, 사이키델릭 사운드를 듣던 대학생들이 트로트를 듣기 시작했다는 얘기가 나왔다. 그리고 최 헌의 '오동잎' '앵두' 조경수의 '돌려줄 수 없나요' 같은 록 밴드 출신 가수들의 '록 & 뽕짝' 이른바 '록 트로트' 노래들이 히트하던 시절을 조용필의 '돌아와요 부산항에'가 앞서 만들었다.

엘비스 프레슬리

조용필의 돌아와요 부산항에가 바로 그 록 & 뽕, 록 트로트의 본격 시작이었으며 여전히 로큰롤 황제인 20세기 최대 문화 아이콘 '엘비스 프레슬리'(1935-1977)는 로큰롤의 개척자로서 18곡의 노래를 빌보드 싱글 차트 1위에 올렸다. 그중에 'HEART BREAK HOTEL'(1956) 'HOUND DOG'(1956) 'JAILHOUSE ROCK'(1957) 'ALL SHOOK UP'(1957) 등의 초기 히트곡을 시작으로 엘비스 프레슬리는 전 세계, 특히 젊은이들에게 로큰롤이라는 DNA, 그 음악의 꽃씨인 자유와 그 리듬의 불꽃인 열광을 이식시키고, 선물했고, 마음껏 춤추게 했다.

로큰롤이란 그런 것이다. 노동의 힘겨움, 삶의 버거움을 이겨내고 잊기 위해 격렬하게 노래하고, 뜨겁게 춤춘다. '이별의 고통'과 '희망 없음의 현실'에서 벗어나 환상 같은 '사랑의 환희'를 다시 꿈꾸고 그리워하고, 회복하기 위해 '한발자국 더 나아가고' '한 춤사위' 더 몸짓하는 '인간생명'의 '처절하면서도 위대한 몸부림'의 매우 절실한 생존방식이다. '엘비스 끝나지 않은 전설'(피터 해리 브라운, 팻 H. 브로스키 지음, 성기완, 최윤석 옮김/ 펴낸곳- 이마고)에 보면 두 명의 세계적 스타들의 목소리를 통해 엘비스를 상찬(賞讚)하고 있다.

여전히 모던 포크 뮤직의 최고봉이자 2016년 노벨문학상을 수상한 거장 '밥 딜런'은 '엘비스 프레슬리'에 대해서 이렇게 말한다. '현대적인 모습으로 존재하는 로큰롤 종교의 최고 신(神)이며 엘비스, 그의 노래를 듣는 순간 나는 마치 감옥에서 풀려 난 것 같았다.'

미국 블루칼라의 대변인이자 데뷔 때 미국 록의 미래라고 찬사 받았던 브루스 스프링스틴은 '마치 그가 찾아와서 모든 사람들의 귀에 꿈을 속삭이는 것 같았고, 그 다음 모두들 어느 정도 꿈을 꾸기 시작했다.'고 말한다. 비틀즈의 존 레논은 거두절미 '엘비스 프레슬리 이전엔 아무 것도 없었다.'고 까지 단언한다.

그 엘비스 프레슬리가 미국 TV에 나타났을 때 엉덩이를 흔들어대는 그의 로큰롤 댄스에 대해서 수많은 미국의 성인들이 경악을 했다. 야하다고 여긴 것이다. 자신의 아들이 그 흉내를 냄으로서 천박해질까봐 걱정이었고 자신의 딸이 엘비스 프레슬리의 그 하반신을 미친 듯, 미칠 듯 흔들어대는 모습에서 성적욕구를 자극받을까봐, 그 결과 그 자극을 아무렇게나 현실화 시킬까봐 걱정이 태산 같았고, 일상이 그 노심초사로 뒤덮이는 게 아닌가 싶을 정도였다.

그 시절 엘비스 프레슬리가 'HOUND DOG'을 열창하는 모습을 유투브(www.youtube.com/watch?v=MMmljYkdr-w)에서 찾아보면 일단 춤사위가 장난이 아니다. 금세라도 엎어질 듯, 쓰러질 듯, 자빠질 듯 마음껏 무대를 휘젓고 구두코를 곧추 세워 자신의 육체를 일순간 팽이처럼 보이게 했고, 이따금 무슨 신호인양 자신의 코끝을, 손가락 끝으로 슬쩍 훔치듯 만지기도 한다. 그리고 경련을 일으키는 듯 양손을 마구잡이로 흔들어댄다. 노래하는 목소리는 절규인 듯 탄식하고, 비명인 듯 체념한다.

그렇다. 이제 더 이상 음악은 '인간의 욕망을 감추는 가식의 가면'이나 '억압의 현장, 그 고통을 외면'하는 '방관의 우아함이나 딴청피기'가 아닌 것이다. 이제 음악은 역사의 수레바퀴가 굴러갈 때 그 맨 밑바닥, 수레와 대지가 닿는 바로 그 지점에서, 가까스로 연명하고(죽지 못해 살고) 그곳을 거처 삼는, 노예적 삶을 살아가야만 하는 자들의, 그 비명을 노래하고 춤추기 시작한 것이다. 지구촌의 위대하고 거대한 축제가 시작된 것이다. 그것을 엘비스 프레슬리가 화려하고 화사하게 꽃피워내기 시작했다. 그래서 엘비스 프레슬리의 절규와 조용필의 절규는 시대의 억압에서 벗어나기 위한 인류의 자유행진을 위한 위대한 그리고 거대한 깃발이다.

그렇게 로큰롤의 봄이 왔다. 인간의 천부의 자유본능을 표현하기 시작한 것이다. 1950년대의 민속음악 로큰롤이 도시의 거리와 뒷골목 그리고 주요 무대를 점령해 나가기 시작했고 사람들의 마음을 장악해 나갔다. 얼어붙어 침묵하던 바위가 춤추는 바다가 됐다. 돌멩이가 나비 되어 날고, 나무가 새가 되어 날고, 'ELVIS THE PELVIS'란 경멸적 엘비스에 대한 지탄의 지칭 '펠비스' 즉, 골반 혹은 '엉덩이가 독립을 선언'하며 '자유 함을 스스로의 의지와 힘'으로 얻어내기 시작했다. 이를 가장 뜨겁게 자축하기 시작했고 송축하기 시작했다.

램프 중의 램프

프랑스가 미국의 독립 100주년을 축하하기 위해 선물했던 뉴욕 허드슨 강을 유람하다 보면 만나게 되는 자유의 여신상은 1886년 '부패에 참여하지 않고 오직 제가 맡은 일에만 충실하겠습니다.'라는 취임사로 유명한 클리블런드 대통령(1837-1908/ 미국의 22대, 24대 대통령)이 참석한 가운데 제막식을 가진 바 있다. 이 자유의 여신상 받침대 입구 현판에는 뉴욕 출신의 여류 시인 '엠마 라자루스'(Emma Lazarus, 1849-1887)의 소네트 '새로운 거상'(THE NEW COLOSSUS, 1883)이 다음과 같이 새겨져 있다.

    정복자의 사지(四肢)를 대지에서 대지로 펼치는
    저 그리스의 청동 거인과는 같지 않지만

    여기 우리의 바닷물에 씻긴 일몰의 대문 앞에
    횃불을 든 강대한 여인이 서 있으니

    그 불꽃은 투옥된 번갯불, 그 이름은 추방자의 어머니
    횃불 든 그 손은 전 세계로 환영의 빛을 보내며

    부드러운 두 눈은 쌍둥이 도시에 의해 태어난
    공중에 다리를 걸친 항구를 향해 명령한다

오랜 대지여 너의 화려했던 과거를 간직하라!
그리고 조용한 입술로 울부짖는다

너의 지치고 가난한
자유를 숨쉬기를 열망하는 무리들을

너의 풍성한 해안가의 가련한 족속들을 나에게 보내다오
폭풍우에 시달려 갈 곳 없는 이를 나에게 보내다오

내가 황금의 문 옆에서 자유의 횃불을 들리라!

　나는 이 소네트에서 자유의 여신이 '나의 램프를 들어 올려' '자유를 열망하는 무리들, 가련한 족속들, 폭풍우에 시달린 고향 없는 자들'을 위해 '빛이 되어 주겠다'는 위로와 희망의 말, 그 손길, 그 눈빛에 감동 받는다. 그리고 곧장 엘비스 프레슬리가 바로 그 자유의 여신상이 들어 올린 '램프 중의 램프'라 생각한다. 그래서 엘비스 프레슬리의 1956년 라이브 'HOUND DOG' 동영상에서 그가 노래를 마치며 사정없이, 마지막 불꽃처럼 흔들어대는, 그 절묘함과 격렬함 속에서, 그 무대를 함께한 '객석과 엘비스 프레슬리 그리고 자유의 여신의 혼연일체'를 통해 또 한 번 짜릿한 감동 한 그릇을 더 먹게 된다.

　엘비스 프레슬리로 인해 이제 인간은 신의 구원을 기다리기만 하고 기도만 하는 상황에서 훌쩍 벗어난다. 아메리카 대륙의 발견보다 더 대단한 발견을 엘비스가 해 냈다. 엘비스는 무릎 꿇고 기도하던 대지에서 벌떡 일어나 대지를 놀이터 삼아 클럽의 플로어 삼아, 그리고 아예 로큰롤 리듬을 벗 삼아, 두둥실 보름달을 조명삼아 춤춰대기 시작한다. 그것은 하염없는 기다림에서 격렬한 찾아감으로, 수동에서 능동으로 바뀐 태도, 자세, 표정의 로큰롤 스타일이다.

하늘을 우러르는 대신 객석의 인간에게 특히 모성애 가득한 여성 팬들에게 호소하고, 리드하고 함께 나아가고 있었다. 엘비스 그리고 인간은 스스로 천국을 찾아가는 여정을 열정적으로 시작했고, 스스로 천국을 제조하기 위한 도전의 시작, '음악과학'의 시대를 활짝 열어젖혔다. 그것을 엘비스가 가장 앞장서서 해 냈다. 하여 엘비스의 그 춤은 인간 몸을 이루는 60조개라는 숫자의 각 세포들의 지방자치제 아니 더 나아가 저마다 독립된 존재임을 선포하는, 극도의 그리고 가장 이상적인 '1956 인류의 자유 독립선언'에 속한다.

엘비스 프레슬리의 'HOUND DOG'에서의 엉덩이 흔들어대기의 그 춤을 바라보며, 객석은 시종일관 박수와 환호, 탄성과 웃음을 터뜨린다. 객석의 그들 몸과 마음속에 갇혀있던 '자유라는 이름의 새들'이 모조리 날아오르기 시작한다. 그들은 그 새들이 그렇게나 많이 외면당하고 감춰져있었는지 조차, 몰랐는데 엘비스 프레슬리는 로큰롤 마법사가 되어, 병 속의 새들을 로큰롤 리듬이라는 엘비스 프레슬리의 열정과 감성이라는 신비하고도 신성한 무기에 힘입어, 병을 깨지 않고서도 흥겹게 새들을 꺼내 해방시키고 있었다.

엘비스 프레슬리라는 로큰롤은 자유라는 달을 가리키는 손가락, 그것은 새로운 시대와 새로운 사회와 세상을 향한 부르짖음, 세상을 위한 울부짖음, 세상과 함께하는 날아오르기였다. 단절의 벽을 넘어, 소외의 벽을 돌파해, 압제의 벽을 무너뜨려 착취의 권력을 그 자리에서 끌어내리는 문화작업, 음악행동이었다.

벽은 사라지고 파도가 태어났다

그 '전진의 록'과 '한없는 기다림의 아름다움, 트로트'가 만난 것이 바로 '돌아와요 부산항에'라는 '록 트롯'이었다. 멜로디는 '뽕'인데 리듬은 록 비트. 비트는 파도가 방파제를 때리듯, 파도가 갯바위를 때리듯 그리움의 행동, 만남의 순간, 날카로운 첫 키스의 격정이다. 그것은 결코 썰물이 아닌 밀물. 만나고 오는 바람 아니라 만나러 가는 바람. 가득히 안고 그 존재에 얼굴을 묻는다. 그것은 도전, 못 먹어도 고(GO!)하는 것, 과감하게 나를 부숴 너를 대량의 사랑으로 적신다. 계란으로 바위를 치는 것, 그렇게 파도치듯 침으로서(비트 함으로서) 시퍼렇게 '멍든 삶이란 파도'는 마침내 푸른 바다라는, 자유의 춤추는 화엄의 광대무변 꽃 천지의 세계를 이룩한다.

로큰롤 비트는 어쩌면 '베를린 장벽을 무너뜨린 자유에 대한 모든 열망의 소망', 그 마음의 비트, 그 파도이리라. 그 비트는 '상실의 시대'의 작가 무라카미 하루키가 2009년 이스라엘의 문학상인 '예루살렘 상'을 수상했을 때 '벽과 알'이라는 제목의 연설을 했는데, 그 연설은 벽과 거기에 부딪쳐 깨지는 알에 대한 이야기였다. 이후 하루키는 2014년 11월 7일 베를린에서 '벨트문학상'을 수상하면서 또 이런 연설을 한다.

'비록 벽에 갇혀있어도 장벽 없는 세계를 이야기할 수 있다. 바로 지금 벽과 싸우고 있는 홍콩의 젊은이들에게 이 메시지를 전하고 싶다.' 그러면서 '민족, 종교, 불관용, 원리주의, 탐욕 등의 모든 현 세계의 벽에 대해서 소설가는 모름지기 현실과 비현실, 의식과 무의식을 나누는 벽을 뚫고 나가야한다.' 했고, 그렇게 해서 '반대쪽 세계를 보고 온 이야기를 작품으로 묘사하는 것이 우리들 소설가들이 매일 하는 일'이라 했다. 그러면서 무라카미 하루키는 존 레논의 '이매진'(Imagine)을 이야기 했다. 나는 하루키의 이 말에 공감하는 가운데, 이것이 바로 소설가들이 '사랑과 희망'을 '비트 하는 것'이라 생각했고 '비트를 행동' '하는 것'이라 생각한다.

그렇다. 편견과 고정관념으로 만날 수 없는 벽으로 막혀있던 록과 트로트, 그것이 '돌아와요 부산항에'를 통해서 멋들어지게 만났다. 비록 아무리 높은 장벽을 쳐 놓는다 해도 새들은 하늘높이 구름처럼 넘나들고, 꽃들은 그 향기로 넘나들 듯이 록이 지닌 자유라는 '피 냄새라는 새'와 트로트가 지닌 '눈물 꽃'이라는 꽃향기가 만나 '록 트로트'라는 '한국적 새로운 음악장르'가 '지구촌 최초로 탄생'했던 것이다. 그것을 조용필과 그림자가 해냈다. 이는 록(Rock)하는 연주자들이 음악성 낮고, 비트가 조출하다고, 혁명이 없다고, 통속적이라고 트로트(Trot)를 경시하던 그 벽과 트로트 하는 사람들이 록은 눈물을 모르고, 멜로디가 부족하고, 이상만 높지 현실이 없다고 백안시하던 그 벽의 무너짐을 뜻한다.

그 무너짐 속에서 벽은 사라지고 사랑과 평화와 자유라는 바다가 태어났다. 그 바닷길로 조총련계 재일교포들 또한 '돌아오는 부산항에' 그 푸른 파도 넘실거리는 조용필의 록 트로트의 리듬 타고 그들 또한 '꽃이 되어, 새가 되어, 눈물 되어, 하나의 파도 되어' 분단의 역사, 그 반목의 벽을 비트 했다. 그렇게 조용필의 '돌아와요 부산항에'는 대한민국의 모든 강토를 그 록 트로트라는 눈물의 파도, 그 새롭고도 시퍼런 '조용필 블루'의 비트로 적시고, 이 땅의 모든 이들을 물들이고, 꽃피워내며 넘실넘실 너울너울 춤추게 했다.

2. 창밖의 여자

눈물이 아닌 용암

'창밖의 여자'가 처음 들려오던 순간을 잊지 못한다. 1980년 봄, 모두들 '서울의 봄'이 드디어 오는 줄로 성급히 착각하던 시절, 버스 타고 귀가하는데 '창밖의 여자' 들려왔다. 버스에 사람이 많아 앞 유리창으로 내다보이는 북한산 풍경이 그날따라 잘 안 보였다. 나는 사람 많은 버스에서 정육점 고깃덩어리처럼 매달려 흔들리며, 그 와중에도 어떡해서든 창밖 풍경, 북한산 봉우리 하나라도 더 눈요기하려고 고개와 자세를 지속적으로, 참으로 애절하게도 고쳐 잡고 있었다. 그런데 어느 한순간 버스 운전사가 틀어 놓은 라디오에서 이상하고도 많이 수상한, 그래서 범상을 뛰어넘어 비범함의 탁월한 노래가 흘러 나왔다.

나는 숨이 멎는 것 같았다. 그것은 노래 소리라기보다는 용암이 쏟아져 내리고 흘러내리는 것 같았다. 버스 안을 적셨고 내 귓

바퀴를 적셨다. 정말 뜨거웠다. 나는 급기야 귓불을 데고 말았다.

창가에 서면
눈물처럼 떠오르는...

그것은 눈물이 아닌 용암, 왜? 한 방울 눈물이었으나, 한줄기 눈물이었으나 그것은 분명코 용암이었다. 그것은 헤어짐의 아픔으로 인한, 한 맺힌 '눈물 한 방울'이었으나, 결코 봄의 한가운데에서 하얀 아이스크림처럼 뚝뚝 떨어져 내리는 하얀 목련 같은 낙화, 아니었다. 그렇다고 늦가을의 바람이라는 싸늘한 계절의 칼날에 목이 베어져 스러지는, 가을꽃의 추락 같은 눈물도 아니었다.

그것은 오히려 눈물의 분출. 내가 잘 못 들었을까? 그럴 리 없다. 내 가슴이 거짓말하는 것을 난 일평생 단 한 번도 본 적 없고, 들은 적 없다. 그렇다. 그 눈물, 떨어지는 눈물 아니다. '눈물처럼 떠오르는' 그야말로 떠오르는 눈물이었다. 특이하지 않은가? 눈물이 해처럼, 달처럼, 별처럼 떠오르고야 마는 것이다. 도대체 어떻게 된 눈물이기에 '어디서 굴러먹던 눈물이기에' 이처럼 중력을 거부하고 떠오르는가? 그 다음 가사를 살펴보자.

그대의 흰 손
돌아서 눈 감으면

강물이어라

 떠오르는 눈물, 바로 '그대의 흰 손'. 아직 그 '흰 손'의 정체 분명치 않다. 그러나 사랑하는 사람, 결코 보내 드릴 수 없는 사람인 것 같은 비감함은, 이미 나에게, 엄습하고 있었다. 마치 봄날 국립 4.19민주묘지 그 산기슭의 진달래 꽃불처럼 번져가고 있었다. 조용필의 그 뜨거운 목소리가, 불의 노래가, 그 노래 말들은 마치 화인(火印)처럼 내 삶의 덧없이 흘러가는 그 흐름 위에, 또다시 낙인을 찍어대기 시작했다.

 순간 그 사내가 부러웠다. '아, 저 사내 어쩌면 저토록 뜨겁게 사랑을 하는가?'하고 말이다. 그 사랑의 깊이와 그 사랑의 열도가 놀랍기만 했다. 내가 막연하게 상상했던 사랑의 극한 열도를 훨씬 넘어선 온도. 나는 조용필의 '창밖의 여자' 그 목소리에서 우주선이 미지의 별을 찾아 떠나듯, 조용필은 '창 안'이라는 '우주선 발사대'에서 '눈물'이라는 액체연료에 의지해 '흰 손'이라는 '사랑의 별'을 찾아 떠남을 느꼈다. 그래서 그토록 뜨거운 노래가, 용암의 소리가 한국 가요사에 최초로 분출했으며, 온 국토를 장악하고, 온 국민의 가슴을 점령해 나가며 조용필 시대를 선언하고 있음을 알 수 있었다.

몸 따로 마음 따로

그러나 조용필의 마음, 그 특별한 조용필 표 사랑, 그의 노래는 이미 별을 찾아 떠나가고 있건만, 그의 육체는 조용필을 배신하고 '돌아서 눈감으면'이라고, 마음이라는 우주선과는 정 반대의 행로를 보인다. 그렇다. 찾아가는 극도의 이상주의 '혁명의 마음'이 있다. 그런가하면 돌아서고 체념하고 잊으려는 현실 순응주의 '절망의 몸'이 있다. 그래서 '별을 찾아 떠나는 마음'과는 달리 조용필의 '돌아서 눈감은 육체'는 어느덧 '강물이어라'하며 스스로를 풍경처럼 바라본다.

그것은 부단한 하강, 낮은 곳으로, 더 낮은 곳으로 하염없이 물길 따라 흘러 내려간다. 이는 '눈물처럼 떠오르는' '그대의 흰 손'과 더욱 더 멀어져 가는 보통의 '눈물처럼 흘러내리는' '강물의 길'이다. 하지만 이 길엔 매우 서운하게도 더 이상 '흰 손'이라는 별이 없다. 그것은 매우 높은 곳에 자리하고 있고, 마음과 함께 가야하건만 몸은 그 별을 찾아 떠나지 못한다. 이렇게 몸 따로, 마음 따로 라는 찢기는 고통을 지지고 볶아야만 하는 비극적 상황인 것이다.

그러나, 강물처럼 떠난 몸, 결코 자유로운 몸 아니다. 누구나 우주라는 감옥에 갇힌 수인이듯이, 혹은 누구나 우주라는 천국에서 살아가는 천사이듯이 어쨌거나 이 우주를 벗어날 수 없다. 따라서 사랑을 통해 해탈의 비상구를 찾고, 그 열쇠 찾아 미친 듯 헤매는 '창밖의 여자'이 노래의 화자(話者)는 이번엔 '강물에서-바람으로 변신'한다. 그렇다. '보이는 강물'에서 '보이지 않는 바람'으로 변화한다. 드디어 '창안에서 벗어나' 카페와 빌딩과 자동차들의 거리로 나선다. 이렇게…

한줄기 바람 되어
거리에 서면

이 또한 절묘하다. 바람인데 잠시인지 혹은 한참이 될지는 모르겠으나 저 바람은 가다가 멈춘 바람. 거리에 우두커니 서있는 바람. 그리고 그 바람 '한줄기 바람'이다. 누구와 섞인 바람도 아니고 홀로인 바람, 외로움 선연한 바람. 말동무도 없고, 누구와 말 섞고 싶은 사람도 없는 오갈 데 없는 바람. 세상천지 넓고 넓지만 참 오갈 데 없는 지구촌. 땅도 하늘도 공용인 것 같았던 시대가 사라지고 있다. 모든 것이 남의 땅, 남의 하늘인 것만 같고 남의 강물인 것만 같다. 그냥 마음 편히 눈길 주고, 마음 기대고, 몸 거닐 만한 곳 없는 세상이 되고 말았다. 그런 지독한 그 한줄기 바람 같은 방랑의 마음에, 문득 이런 빛 한줄기 비춰진다. 이렇게…

그대는 가로등 되어
내 곁에 머무네

마음은 이미 우주선처럼 '흰 손이라는 별' 찾아 머나먼 길 떠났건만, 몸은 현실 속에 못 박힌 채 '흘러내리는 눈물' 되어, '절망의 강물' 됐는데, 그 슬픔마저 벗어버리듯 홀연히 육체를 걸어 나오는 마음 하나 있다.

그렇다. '자폐의 창 안'에서 벗어나 '바람이라는 희망' 되어 아마도 두 사람의 첫 키스가 이뤄졌을 기념비적 러브 포인트에 가서, 기도하는 두 손처럼 그렇게 '멈춰 서있는 바람' 되어, '거리에 서'있다. 그런데 기적처럼 문득 '흰 손'이라는 '먼 별' 같은 그대, 그대가 어느새 '가로등 되어' 멈춰선 바람 같은 내 곁에 머물기 시작한다.

모든 미학을 반납하다

나는 거리에 서있는 '바람' 그대는 '가로등' 되어 서있다. 너무 멀어 차디찬 별, 그 별이 문득 따스한 풍경의 원천인 '가로등 되어' 내 곁에 머물고 있다. 그러나 공공의 가로등은 개인의 소유가 아니다. 가로등을 데리고, 내 창안으로 모셔 올 수 없다. 가로등은 또 누군가의 어둠을 비춰주어야만 한다. 여기서 일순 만났던 재회와 해후는 또 다시 애달파진다. 그래서 조용필은 또 이렇게 '절규하기 시작'한다.

누가 사랑을
아름답다 했는가

그렇다. 이 부분은 그 동안 한국 가요사에서 그토록 찬미해 오던 사랑의 아름다움에 대한 '처절한 의문'이다. 믿을 수 없다는 것이다. 무슨 놈의 사랑이 육체를 다 풍화 시켜놓고 그래서 겨우 만난 가로등이라는 환상, '흰 손' 대신에 '가로등'을 사랑하는, 그 가로등 '그대의 현신'이라고 생각하는, 그래서 막상 사랑을 시작하려는 그 순간, 조용필은 또 이렇게 의문을 던지며 되묻고 있다.

누가 사랑을
아름답다 했는가

이번엔 '의문을 벗어난 절규'로 '대답을 기다리지 않는 질문'을 외친다. 하긴 조용필의 '창밖의 여자'는 처음부터 절규를 품고 있다. 조용필은 삶을 노래로 승화 시키는 데서 그치는 게 아니라, 삶을 노래로 승화 시킨 이후, 다시 그 승화된 아름다운 모든 것들을 모조리 삶의 현장으로 되돌려 놓는다. 그래서 노천카페 같은 여유롭고 아름다운 승화된 삶 대신, 그 박제 같은 허망함 대신, 그 왠지 아무래도 찜찜한 그 모든 미학이란 것들을 천국의 도서관에 반납한다. 그리고 지옥 같은 사랑의 거리로 나선다. 그리고는 스스로 '가로등을 창조'한다. 그래서 '스스로 빛을 만들어' 내는 '사랑의 바람'이 되고야 마는 것이다.

가로등을 만드는 사람

그래서 그토록 뜨겁다. 조용필은 결코 '사랑의 아름다움'에 무릎 꿇지 않는다. 또 하나의 '우상을 거부'하는 태도? 다부지게 대차게 거절하고, 내 친다. 그에게는 거대한 동상이 필요한 게 아니다. 그는 오히려 어둔 골목길 작게 빛나는, 그 민들레 영토 같은 그 보도블록 속에 감춰져, 숨 못 쉬는 한 뼘 땅을 위해, 그처럼 숨 못 쉬고 죽어가는 바람 위해, 그리고 길 잃은 바람들을 위해, 조그만 가로등 하나 거리에 세워 놓고야 마는 것이다. 그래서 내가 그 버스 안에서 그토록 뜨거웠던 것이다. 그것은 지옥 불에 갇힘이 아니라 지옥문을 걷어차고 나오게 하는, 조용필의 '위대한 절규함' 심지어 '아름다움의 최상의 가치'라고 믿어왔던 '사랑의 아름다움'이라는 규정에 대해서조차도 말이다.

결국 조용필은 몸에 속한 사람 아니다. 그의 마음 '우주선 타고 흰 손'을 떠나간다. 지금도 떠나고, 미래에도 그렇게 영원히 떠나고 있을 것이다. 그대의 '흰 손'을 다시 꼭 '되찾기 위해서' 말이다. 그게 조용필이고 그게 참 위대한 우리들의 눈물겨운 조용필이다.

조용필은 그래서 생존자, 아주 위대한 생존자. 그래서 그의 마음, 별을 찾아 떠나나, 그의 몸 다시 '거리로 돌아와' '가로등 만드는 사람'이 된다. 그렇다. 그는 아주 조촐한 '가로등이라는 사랑

의 기념탑'을 만드는 사람일 뿐이다. 가왕도 필요 없고, 국민가수
도 필요 없다. 그런 명예 대신 '가로등 만드는 사람'으로 그리고
그 '가로등 불빛 밝히는 사람'으로 족한 것이다. 이처럼 그는 결
코 빛남이 정지 당한 묘비명을 허락치 않는다.

조용필의 '창밖의 여자'로 인해 한국대중가요는 '영원을 향한
도전'이라는 그래서 '죽음이라는 운명을 거역'하고 '이별이라는
숙명'을 거부하는, 그렇듯 아무도 생각지 못했고 아무도 시도 못
했던 새로운 사랑의 혁명이라는 새로운 시대 속으로 빠져들기 시
작했고, 우리들의 저 도시들 서울, 부산, 광주, 대구, 울산, 전주,
대전, 충주, 인천, 강릉, 서귀포 등의 저 숱한 가로등들은 매일 밤
빛나오면서, 우리들 모두의 사랑의 추억을, 다시금 생생하게 부활
시키고 있는 것이다.

아픔을 선택하다

조용필은 아름답기보다는 보다 더, 더욱 더 아픔을 선택한다.
이것이 조용필의 아름다움을 뛰어 넘는 초미(超美)의 아름다움
이다. 즉, 모든 아름다움을 돌파해 그게 너무 아프지만 인간으로
서 선택하기 어려운 고통과 고난의 길이지만 그래도 조용필은 나
아간다. 즉, '아름다움의 감옥'이 아닌 '아픔이라는 자유'를 선택
한 것이 바로 조용필의 노래인 것이다.

그래서 조용필의 노래는 노래가 아닐지도 모른다. 그렇다. 조용필의 노래는 노래가 아닐 것이다. 그 아픈 것이, 그토록 비통하고 비감한 '이 땅의 비가'가 어찌 노래에만 머물 수 있으랴. 그렇다. 조용필이 '아름다움을 거부'했듯이 어쩌면 조용필은 '노래마저도 거부'했을 것이다. 그래서 기존의 모든 역사를 뛰어넘어 '새로운 역사'를 써 나갈 수 있었을 것이다. 모두들 '사랑의 아름다움이라는 왕관 하나'를 뒤집어쓰기 위해 혈안이 돼있을 때, 조용필 홀로 그 모든 헛되고 헛된 욕망에서 벗어나 '아픔이라는 피와 땀과 눈물'을 선택했다. 그래서 '창밖의 여자' 마지막 대사는 이렇게 어둠 속에서 드러난다.

차라리 차라리
그대의 흰 손으로
나를 잠들게 하라

조용필은 그대를 이별하고 그대를 추억하며 자신의 사랑이 아름다워지기보다는 '차라리 차라리/ 그대의 흰 손으로/ 나를 잠들게 하라'라고 피맺힌 절규를 외친다. '그대라는 실체'를 '그 별'을 만날 수 없다 하더라도, 조용필은 '그 우주여행을 멈추지 않을 것'이라는 '결연한 의지'를 내 보이는 것이다. 그래서 얼핏 본 '눈물'처럼 떠오르는 '흰 손'이 자신의 죽음 같은 잠을 '쓰다듬길' 원한다. 그래서 조용필의 '창밖의 여자'는 피맺힌 울음으로 시작해 마침내 통곡한다.

이별이라는 만날 수 없다는 그 정말이자 종말(終末) 같은 거리감으로 인한 모든 두려움 뒤로하고, 그가 '한줄기 바람 되어 거리에 서면'이라는 그 '멈춘 바람'으로 못 박힌 채, '그대는 가로등 되어'라는 그 '가로등으로 서있는 그대'를 환상처럼 바라보며, 이 기이한 비극, 슬픔 깨달으며 조용필은 시간이 자신을 사라지게 하지 못하도록, 흰 손에게 부탁한다. 오직 '그대의 흰 손'으로만 나를 잠들게 하고, 나의 최후를 갈무리 해 달라는 것이다.

그래서 '차라리 차라리/ 나를 잠들게 하라'는 이 대사는 조용필의 '창밖의 여자'가 피울음으로 시작되어 마침내 피 토하듯, 그렇게 아득히 먼 '그대의 흰 손' 향해 유언처럼 다 내 던지고, 아스라이 사라지듯, 스러지듯 그렇게 여운 하는 것이다.

노래로 위장한 피눈물

나만의 착각일까? 처음 '창가에 서면'으로 시작될 때의 '창~!'이라는 그 첫 소리, 첫 음절, 첫 언어는 마치 운명의 채찍 맞듯, 그렇게 아픈 비통함이다. 그래서 조용필의 '창가에 서면'은 마치 '창가에서/ 부서지면'으로 나는 해석하고 감정이입 된다. 그런데도 그 채찍은 달콤하기까지 하다. 그래서 더 끌려들었을 것이다. 그렇다고 내가 변태적 사랑이나 삶을 목적하진 않는다. (말해 놓고 나니까 마치 변명하는 것 같고 은폐하려는 것처럼 비칠까봐 더 이상하긴 하지만, 난 맞는 건 질색이다. 그렇다고 때리는 것도 질색이다. 이러고 나니까 더 이상한가? 웃자고 하는 얘기에 죽자고 달려드는 이 없으시길 제발 부탁 드린다.) 아무튼 그렇게 해서 내 안의 '잠든 서정이란 말 한 마리'가 달려 나가기 시작하는 것이다.

또한 '창밖의 여자' 인트로에서의 건반악기의 시작 음 '하이 B'의 긴 음향은 내 가슴을 비수처럼 에이어왔다. 말하자면 내 서정의 가슴 위에도 핏방울이 돋기 시작했다. 그런 상황 속에서 조용필은 또 다시 절규한다.

누가 사랑을 아름답다했는가
누가 사랑을 아름답다했는가

차라리 차라리
나를 그대의 흰 손으로
잠들게 하라

나는 조용필의 이 노래 '창밖의 여자'를 앞서 얘기했듯이 '피맺힌 울음'에서 시작되어 '피 토하는 통곡'으로 마쳐지는, 이 노래 '창밖의 여자'를 '피눈물의 노래'로 해석한다. 아니 그냥 노래 빼고 '피눈물'이라 말하고 싶다. 그렇다. '창밖의 여자'는 노래로 위장 취업한 '피눈물'이다. '눈물'이라는 이전의 노예역사와 '피'

라는 오늘의 음악혁명이 함께 서려있다. 그렇게 핏발 선 노래가 바로 이 '창밖의 여자'인 것이다. 그렇지 않고서야 어떻게 그날, 우이동 가는 귀가 길 흔들리는 버스 안에서, 이 노래가 시작될 때부터 지금까지도 여전히 그렇게 그토록 전율 할 수 있었겠는가? 그래서 이 노래는 여전히 현재진행형이다.

훵키 뮤직 Funky Music

세계 최고 부자이며 세계에서 가장 많은 기부를 하는 마이크로 소프트의 창업자 빌 게이츠는 업무상 사람을 만날 때 자신의 명함 내밀며 이렇게 말한다. '자, 이제 우리 두 사람이 함께 일 해나가야할텐데 어떡할까요? 당신이 나를 이끌래요? 아니면 내가 당신을 이끌까요?' 말하자면 누가 사수고 누가 부사수인지, 누가 메인인지 누가 보조인지 정하자는 것이다. 그래서 새로운 별을 제조해 세상 더욱 빛내자는 것이다. 이렇듯 빌 게이츠가 거두절미 첫 만남에서 그 이야기부터 하는 이유는 시간을 절약하기 위해서란다. 이처럼 분명한 역할분담은 언제나 인류역사상 반드시 필요했다. 그러나 빌 게이츠 식 평화로운 제안이 아니라 강제역할분담 있었다. 바로 인류역사의 오점인 흑인 납치 해다 노예로 팔아먹고 그 흑인 노예 채찍질해가며 부려먹고, 반항하면 죽이기도 했던 역사를 말한다.

스티브 맥퀸 감독의 영화 '노예 12년'에 보면 뉴욕에서 음악가로 살던 자유 흑인이 납치당해 남부의 백인 농장주에게 팔려간다. 그렇게 12년을 억울한 노예 살이 한다. 그 분통터지는 노예살이 중에서의 한 장면을 잊지 못한다. 백인 농장주가 흑인 여자 노예를 나무에 묶어 놓고는 자신이 그 흑인 여자 노예를 직접 채찍질하지 않는다. 대신 주인공 남자 흑인에게 그 채찍질을 하게 한다. 바로 그 채찍질로 인해 터져 나오는 비명 그것이 바로 흑인들의 훵키 뮤직(Funky Music)이 됐다고 나는 본다.

2006년 내한공연을 가진 바 있는 제임스 브라운(James Brown/ 1933-2006) 그리고 슬라이 앤 더 패밀리 스톤(Sly & The Familly Stone) 등이 60년대부터 선도해온 새로운 음악장르 훵크(Funk)는 몽환적인 섹시함으로 싸이키델릭 뮤직에 영감을 주었고, 애시드 재즈에 영향을 준다. 훵크(Funk)란 말은 1950년대부터 사용됐고, 흑인들 사이에서는 '성행위의 냄새' '지저분한 냄새'라는 속어였었다, 또한 제임스 브라운은 '크게 외쳐라, 나는 검다, 나는 자랑스럽다'(Say It Loud, Black & I'm Proud)라는 노래를 발표한 바 있는데 그 라이브를 유투브에서 찾아 볼 수 있다. 제임스 브라운은 시종일관 흥겨움이 질편하고 소울의 전율이 찌릿찌릿한, 마치 음악이라는 전류에 감전된 듯한 춤사위를 보여주고 있으나, 내 눈엔 그 몸짓 하나하나가 마치 노예시대 채찍 맞던 그 아픔과 비명을 보는 것 같았다. 아무튼 백인 농장주처럼 채찍을 준비하는 대신 흑인들은 스스로의 '훵키 비트' 라는 아트를 통해 자신들의 대지, 자신들의 신전, 자신들의 오두막, 자신들 환상의 거처 횡키 뮤직, 횡키 사운드를 마련한다. 그리고 그 안식의 집 앞에 스스로 화톳불처럼 타오르며 제임스 브라운은 횡키를 춤추고 있는 것이다. 그렇다. 붉은 천개의 혓바닥 같은 그 불길 사이로 또 이런 연설이 들려온다.

나에게는 꿈이 있습니다

나에게는 꿈이 있습니다
조지아 주의 붉은 언덕에서
노예의 후손들과 노예 주인의 후손들이
형제처럼 손을 맞잡고 나란히 앉게 되는 꿈입니다

나의 조국은 자유의 땅
나의 부모가 살다 죽은 땅
개척자들의 자부심이 있는 땅
모든 산에서 자유가 노래하게 하라
미국이 위대한 국가가 되려면
이것은 반드시 실현되어야 합니다

그래서 자유가 뉴햄프셔의
거대한 언덕에서 울려 퍼지게 합시다
자유가 펜실베이니아의

앨러게니 산맥에서 울려 퍼지게 합시다
콜로라도의 눈 덮인
로키산맥에서도 자유가 울려 퍼지게 합시다
캘리포니아의 굽이진 산에서도
자유가 울려 퍼지게 합시다

자유가 울려 퍼지게 할 때
모든 마을에서
자유가 울려 퍼지게 할 때
우리는 더 빨리 그 날을 향해 갈 수 있을 것입니다

신의 모든 자손들 흑인과 백인이
손에 손을 잡고
옛 흑인 영가를 함께 부르는 그날이 말입니다

드디어 자유
드디어 자유
전지전능하신 신이시여
우리가 마침내 자유로워졌나이다

　위의 연설문은 세상 최고의 명연설 중의 하나로 손꼽히는 미국의 침례교 목사이자 흑인 인권운동가 마틴 루터 킹 목사 (1929.1.15-1968.4.4/ 미국 멤피스에서 암살당해 39살 젊은 나이로 세상을 떠났으며, 1964년 노벨평화상 수상자)가 노예해방 100주년을 맞이한 1963년 8월 23일 미국 워싱턴 D.C에서의 25만 명과 함께하는 평화행진 때, 행한 연설문 '나에게는 꿈이 있습니다'(I Have A Dream)중의 일부이다.

제임스 브라운의 휭키 사운드의 노래 'Say It Loud- I'm Black & I'm Proud' 역시, 미국 헌법이라는 '정의로운 은행'에서 흑인들의 '꿈이라는 수표'를 '자유라는 현금'으로 바꾸기 위한, 그 위대한 평화행진의 연장선상에 있으며, 이를 위한 샤우트 창법의 새로운 시대가 도래했음을 알린다.

미쳐버린 어둠 애린 같은 어둠

제임스 브라운의 그 춤은 춤이 아니라 실은 비틀대는 결코 여기서 쓰러져서는 안 되지, 아직 죽어서는 안 되지 하는, 그저 일단은 어떡해서든 살아남으려는 소울, 그 정신 줄 놓지 않으려는 그 안간힘 그리고 새로운 세상, 평화로운 세상 갈망하는 그 마음의 전진, 영원을 그리워하는 인간 사랑의 본성이 단 0.01밀리미터라도 그 꿈 가까이 더 나아가기 위한, 닿기 위한 그래서 획득하리란 기대의 위대함을 지독하게 간절하게 미친 듯, 미칠 듯 추구하는 아니 이미 '미쳐버린 어둠'이었다.

방금 나는 '미쳐버린 어둠'이라고 말했다. 나는 조용필에게서 그리고 조용필의 노래에서 조용필의 음악에서 바로 그 어둠 발견한다. 조용필의 음색은 지독한 어둠이다. 조용필의 어둠은 배호, 최백호, 김광석, 장사익, 임재범 등이 지닌 그들 음색의 특장점인 어둑한 어둠 아니다. 조용필은 앞서 언급한 가객들이 수채화나 목탄화 같은 '어둑한 어둠'이라면 조용필은 '유화 같은 어둠'이다. 아니 다 타버린 '화목(火木) 같은 어둠'이다. 그냥 마냥 새까맣게 타버린 애간장이고, 쏠개고 다 태워버린 그리움의 결과물인 그런 '독한 어둠'이다. 그래서 다 버려진 것 같은 이제는 쓸모없는 것 같은 어둠, 하지만 '한때 빛나는 그리움이었던 그 어둠' 그 길양식 '애린 같은 어둠'인 것이다.

나 보다 더 열심히 노래하니까

1980년 5월의 어느 토요일 오후였었다. '바보처럼 살았군요'의 김도향 선배의 충무로 작업실 '서울 오디오'에서 나는 돈도 없고 데이트할 여자친구도 없고 해서 TV를 보고 있는데, 문득 세시봉의 돈도 있을 것 같고, 인기와 명예가 차고도 넘칠 것 같은 송창식 선배가 방문을 했다. 송창식 선배는 이전에도 김도향 선배를 만나러 이따금 불현듯 들렀었다. 아무튼 송창식 선배는 늘 예측불허의 기인 같은 도인의 면모가 있어왔는데 그날도 그랬다.

그는 양말만 안 벗었지 아예 편안한 태도로 의자에 앉아 나와 함께 TV를 보기 시작했다. 마침 KBS에서 쇼 프로그램을 생방으로 내 보내는 중이었다. 그리고 맨 마지막 등장한 가수가 바로 조용필이었다. 그는 그때 전국을 '창밖의 여자'로 휩쓸고 있을 때였다. 아니나 다를까 조용필은 그날 '창밖의 여자'를 열창했고 그의 뜨거움은 불꽃이 되어 TV 화면 밖으로 튀어 나와 자칫 작업실 카펫을 태울 듯 했다. 그 순간 송창식 선배가 나를 돌아보며 이렇게 말했다.

'야, 이제부터 대한민국 최고 가수는 내가 아니다.'

나는 잠시 할 말을 잃었다. 난감했다. 그래서 얼른 이렇게 그에 대한 답인 듯 되물었다.

'아니.. 형이 최고 가수 아닌가요?'

그러자 트윈 폴리오의 '하얀 손수건'을 시작으로 그리고 솔로로 나서면서 '한번쯤' '고래사냥' 등의 대박행진으로 6~70년대를 풍미했던 가수왕 송창식 선배의 말이 특이했다.

'아냐. 조용필이야.'

나는 다시 되물었다.

'왜요?'

그러자 1초도 망설임 없이 그것도 너무나 명쾌하게, 송창식 선배의 대답이 쿨했다.

'조용필이 지금 나보다 더 열심히 노래하니까.'

그날 오후를 이렇듯 잊을 수가 없다. 한국대중음악계 왕권이 넘어가는 역사적 현장에 내가 앉아있었던 순간이었다.

네티즌의 힘

드라마 작가 배명숙 작사, 조용필 작곡, 조용필 노래 '창밖의 여자'는 맨 처음 동아 방송 라디오 드라마 '창밖의 여자'의 주제가로 사람들에게 다가섰고 이후 조용필 1집의 타이틀곡이 됐다. 이후 한국가요계에 록발라드 붐을 일으키며 김수철의 '못다 핀 꽃 한 송이' 이용의 '잊혀진 계절' 다섯 손가락의 '새벽기차' 부활의 '희야' 마음과 마음의 '그대 먼 곳에' 송골매의 '모두 다 사랑하리' 김수희의 '멍에' 들국화의 '그것만이 내 세상' 김현식의 '어둠 그 별빛' 다섯 손가락의 '새벽기차' 같은 80년대 히트 곡들에 영향 끼친다. 그리고 노래의 히트에 힘입어 배명숙의 라디오 드라마 대본은 이번엔 소설 '창밖의 여자'(1980/ 전예원)로 거듭 난다. 그리고 김문옥 감독에 의해 영화배우 진수경, 한진희, 유장현 등이 출연한 가운데 1980년 12월 12일 동명의 영화도 극장 개봉된다.

'창밖의 여자'가 히트하면서 배명숙이 받은 작사료는 20만원, 조용필은 앨범이 100만장 이상 판매되면서 1,000만원과 승용차 1대를 받게 된다. 조용필은 1977년 10월 21일부터 1986년 11월 30일까지 지구레코드사와 3년 단위로 전속가수 계약을 갱신하던 중, 전속계약 만료 시점이 되면서 인세제를 요구한다. 이에 지구레코드는 1억2천만 원을 조용필 측에 건네며, 인세제 전환 대신 조용필이 저작권을 갖고 있던 31곡에 대해서, 방송권과 공연권은 조용필에게 복제권과 배포권은 지구레코드 소유로 하는, 새로운 계약을 1986년 12월 31일 맺는다. 이에 대해 27년 후인 2013년 신대철 등 가요계 후배 가수들이 문제를 제기했고, 어느 네티즌은 '가왕 조용필님의 31곡 저작권 반환을 요구합니다'라는 이슈로 4월 18일부터 온 라인 서명운동을 시작한다.

이 네티즌은 '45년 동안 그분 때문에 행복하고 즐거웠던 우리들, 이것이 우리 모두가 가왕에게 만들어 드릴 수 있는 최소한의 예의와 선물이 아닐까 생각한다.'며 '창밖의 여자' 등의 31곡 작품 목록을 포털사이트 '다음'의 '아고라/ 청원' 카테고리에 게재한다. 그 결과 5월 10일 청원 서명운동 5만 명 목표는 발의한지 22일 만에 22,322명의 서명을 기록한 가운데 문제가 해결돼 마감

됐었다.

인기? 사람 잡는 거야!

1979년 10월 26일 박정희 대통령은 이른바 궁정동 안가의 행사장에서 김재규 중앙정보부장이 쏜 총탄에 의해 서거한다. 이후 1979년 12월 6일 대마초 연예인 사건으로 방송활동 등이 금지됐었던 연예인들에 대한 해금이 발표된다. 이때 TV뉴스를 지켜보던 조용필의 여동생 조종순이 잠자던 조용필을 급히 깨워 이 소식을 알린다. 이튿날 동아방송 라디오의 안평선 PD로부터 전화가 걸려와 안 PD는 조용필에게 라디오 드라마 '창밖의 여자' 주제곡을 부탁한다. 그 전화 한통 이야말로 가왕으로 가는 길의 초대장이었고, 이듬해 1980년은 조용필 시대의 본격 시작이었다.

그로부터 11년 후, 1991년 6월 2일자 동아일보에 실린 바 있는 조용필 자전 에세이 '나의 길'에서 조용필은 이렇게 고백한다.

"창밖의 여자, 그 노래는 1976년 '돌아와요 부산항에' 이후 새로운 조용필의 '인생 2기의 탄생을 알리는 서곡'이었지만 또 한편으로는 동시에 인간 조용필의 '실패를 알리는 서곡'이기도 했다."고 회고한다. 그 이유에 대해서 조용필은 같은 글에서 이렇게 피력한다. '인기(人氣)? 그거 한마디로 사람 잡는 거야!'

그렇다. 조용필은 인기정상을 맛보면서 스스로 자평하길 "촌놈이 갑자기 유명해지자 주변에는 여자들이 들끓었고 나는 자만에 빠졌다. 나를 키워준 하늘같은 팬들에게 신경질을 낸 적도 있다. 84년 결혼하고 3년 뒤 이혼했다. 나의 결혼생활은 엉망이었다. 헤어진 지 3년이 지난 지금 생각해도 아내에게 미안하다. 한 마디로 내 이름 때문에 시달린 여자였기 때문이다. 이혼 뒤에도 나는 엄청난 소문에 시달렸다. 사실 억울한 것이 많지만 어떤 내용이라도 변명할 생각은 없다. 모든 것이 인기를 등에 업은 자만심의 결과라고 생각하기 때문이다."

이 글에서도 보면 역시 조용필다운 진솔함이 다가 온다. 이 글 '나의 길' 도입 부분에서 조용필은 자신의 인생을 네 가지 측면으로 규정한다. 쇼크의 인생, 감동의 인생, 운의 인생, 후회의 인생이 그것인데 앞의 세 가지 인생은 음악과 관련 있는 인생이고 마지막 후회의 인생은 자신의 개인적인 인간 조용필에 관한 것이라 말하고 있다. 철저하고도 깊이 있는 '자기 성찰의 언어'라 생각된다. 이때 조용필의 한국 나이 마흔두 살 초여름이었다.

조용필의 음악적 대성공과 인간적 후회를 가져오게 한 '창밖의 여자'는 동아방송 라디오에서 매일 오전 11시 30분부터 30분간 11시까지 방송되던 '인생극장'에서 1980년 1월 한 달간 매일 방송됐다. 배명숙 극본, 이규상 연출의 라디오 드라마였다. 1월 31일 마지막 방송 부분을 소개한다.

- 내가 어떻게 정리를 할 수 있어요. 내게 아이가 둘이나 있다는 걸 당신 몰라서 그래요?
 - 그럼 아이 있는 사람은 절대로 이혼을 못한다는 겁니까?

- ....
 - 당신은 당신을 붙들어 매줄 아이들이 있지만, 난 난 어쩌죠? 난 누가 붙들어 매주죠? 난 어떡하느냐구요.

 - 미스터 한

****

 - 저 여자, 왜 저 집 창밖에 우두커니 서있죠?
 - 왠지 정화 모르지?

 - 몰라요.
 - 저 여잔 저기 서서 창 안의 불빛을 그리워하고 있어.

 - 왜? 추워서?
 - 창 안은 따뜻하거든.

 - 그럼 들어가지 않고, 왜 마냥 저기 서있기만 하죠?
 - 들어갈 수가 없기 때문이야. 왠지 말해줄까? 저 여잔 날 사랑했기 때문이야. 날 사랑하기 때문이야.

- 혜진 언니군요. 혜진 언니.

- 그래. 혜진 씨야. 혜진 씬 밤마다 저기 창밖에 서 있어. 그리고 난 여기서 혜진씨를 지켜보지. 그래서 혜진 씨도 나도 춥다. 추워.

- 학수 형.
- 추워서 너무 추워서 눈물이 나는 거야. 올 겨울은 왜 이렇게 유난히 춥지? 응?

드라마 '창밖의 여자'는 결혼한 지 10년 된, 남편과 아이가 있는 기혼 여성과 한 남자(미스터 한)에 얽힌 '사랑'과 이에 따른 갈등을 그린 내용이다. 두 사람의 사랑은 현실의 벽 때문에 맺어질 수 없었고, 결국 그 여자는 '창밖의 여자'로 주인공의 주변을 맴돈다. 주인공은 여자가 '따뜻한' 창 안을 그리워하면서도 바깥에서 떨고 있는 이유가 '날 사랑했기 때문'이라고 말한다. 주인공은 '창 안'에 있지만 마음은 '창밖에' 있다. '창밖의 여자'나 '창안의 남자'나 모두 춥다. 이처럼 유한한 몸은 현재 창의 안팎으로 떨어져 있지만 마음은 그래도 늘 같은 시공에 함께 있지 싶다.

드라마 극본 내용과 이에 대한 약간의 해설에 대한 위의 글은 '조용필의 노래, 맹자의 마음- 킬리만자로의 조용필 맹자를 만나다'(홍호표 지음/ 동아일보사)의 248-249쪽에 걸쳐있는 글을 인용했음을 밝힌다.

3. 한오백년

우리 국악과의 만남

'부르기는 평생 우리가 부르고 다녔는데, 히트는 조용필이 냈어!' 탄식 같은 한마디였다. 한마디로 아쉬움이 가득한 그런 가운데, 어딘가 부러움이 절실한 한마디였다. 이 말은 내가 한동안 뵙던 경기민요의 최고 명창 '안비취'(1926-1997, 중요무형문화재 57호 경기민요 예능 보유자) 여사가 한 말씀이었다. 그 시절 나는 '안비취'님 전기를 보다 더 잘 쓰기 위해서 종로 3가 단성사 부근에 있던 최창남(중요 무형문화재 제19호, 선소리 산타령 예능보유자) 명창이 운영하던 경기민요 전수소에 한동안 매일 나가 '경복궁 타령' '노들강변' '군밤타령' '청춘가' '태평가' '도라지 타령' '이별가' 등을 따라 부르고 배우던 시절이었다. 그 무렵 '안비취'님은 드물지 않게 그곳을 방문하셨다. 그래서 몇 번인가 차를 나누며 경기민요 이야기를 듣곤 했다. 그러던 어느 날 내가 조용필의 '한오백년'을 들어보셨는지, 들으셨다면 어떻게 느끼셨는지 여쭙자 내게 하신 독백 같은 대답이었다. 그 말씀을 듣는데 내 마음도 짠해왔다.

5.18 광주민주화운동이 있던 1980년 조용필의 '창밖의 여자'가 뜨겁게 절규했고, 곧 이어 후속 히트곡이 조용필의 '한오백년'이었다. 조용필이 이 노래를 부르게 된 데에는 사연이 있다. 1976년 '돌아와요 부산항에'의 대규모 히트로 인해 한창 인기절정으로 치달을 때 조용필은 이미 그 전에 겪었고 벌금 10만원을 납부하며 해결됐던, 대마초 사건이 다시 그의 발목을 잡고 있었다. 물론 지난 1975년 마무리됐던 그 대마초 사건은 '몇 번인가 대마초를 피웠다. 하지만 그게 머리도 아프고 오히려 몸을 힘들게 해서' 조용필은 더 이상 손대지 않았는데, 그만 사건화 됐고 그래서 결국 벌금 물고 끝났었다. 그러나 1977년 3월부터 지난날의 그 철지난 사건이 다시금 회자될 상황에 처했다. 그러자 조용필은 1977년 5월 6일 '더 이상 사회에 물의를 일으키지 않겠다.'며 은퇴선언을 한다.

이후 조용필은 참담한 심정으로 축구선수 이회택과 함께 낚시를 다니는 등 야인 생활을 한다. 그러던 어느 날 지방의 작은 숙소에서 TV 시청을 한다. 그때 마침 드라마 장면 하나가 눈에 들어온다. 강물 위로 작은 조각배 한척이 떠나고 있었다. 그 배경음악으로 민요 '한오백년'이 서럽게 흐느꼈다. 그 순간 조용필은 일종의 접신 같은 특별한 체험을 갖게 된다. 도저히 그냥 넘길 수 없는 노래였다. 이튿날 조용필은 대한민국에 나와 있던 구할 수 있는 '한오백년' 음반을 다 구입한다. 그리고 그 모든 '한오백년'을 다 들어보고 '한오백년' 연구에 들어가기 시작했다. 말하자면 '한오백년' 그 한곡에 자신의 모든 목숨을 다 걸었다. 그 결과 조용필은 한국민요를 자신의 몸 안에 체득한다. 그러다보니 '새타령' '남한산성' '성주풀이' '진도 아리랑' 까지 섭렵했고, 이는 훗날 민요 메들리를 1982년 5월 17일 발매하게 되는 자신의 4집 앨범 '못 찾겠다 꾀꼬리'에 수록하게 되는 수확으로 이어진다.

이 민요 메들리를 조용필은 1980년에 이미 라이브로 선보인다. 유투브에서의 그 동영상을 보면 조용필은 민요 메들리 첫 곡으로 일렉트릭 기타를 연주하며 '남한산성'을 부른다. 그 성음은 '남한산성'의 그 노랫말과 소리를 모조리 씹어 먹을 듯, 씹어 삼킬 듯 북 받히는 설움을 다해 '남한산성 올라가 이화문전 바라보니/ 수진이 날진이 해동청 보라매/ 떴다 보라 저 종달새/ 석양은 늘어져 갈매기 울고…'를 노래한다.

그리고 민요를 하다 보니 한걸음 더 나아가 자연스레 판소리까지 관심을 갖게 된다. 따라서 판소리 흥보가 중에서 흥보가 '주걱으로 뺨맞으며 구걸하는 대목'을 따라 부르기 시작한다. 그러나 민요와는 전혀 색다른 창법이었고 오장육부로 불러내야만 겨우 소리가 날까말까 한, 판소리에 대한 도전은 그 이전에 조용필의 소리 내공 갖고도 힘에 부쳤다. 따라서 목이 자꾸 가렵고 심지어 토하기도 했다. 그런 가운데 소금을 먹으며 목의 열을 식혀가며 더욱 정진했다. 본격적으로 국악에 심취하게 된 것이다. 하긴 가왕으로서 당연히 거쳐 가야 할 소리 길의 하나였고, 국민가수가 되어가기 위한 운명적 국악과의 만남이었다.

연습 연습 또 연습

조용필의 성음을 굳건한 대지처럼 만들어 감에 있어서 큰 도움을 준 판소리의 전통은 진정 위대한 한국음악의 역사다. 많은 판소리 소리꾼들이 득음을 위해, 자신의 청춘과 인생을 바쳤었다. 인간문화재이자 판소리 완창의 대가인 국창 박동진(1916-2003) 선생님은 생전에 어떻게 해서 득음을 하셨는지 여쭙자 내게 이런 답을 주셨다.

- 젊었을 때 소리가 좀 되다보니까 기생들 소리 가르치는 선생이 된 적이 있었어. 그런데 이게 시간가는 줄 모르겠는 거야. 신선놀음이랄까.. 꽃밭에 나비가 된 셈이었지. 그러다 어느 날 아이쿠 이러다 내가 영 소리길 못 가겠다. 여기서 인생 종친다. 이렇게 정신이 번쩍 들어갖고 그 이튿날 보따리 싸 갖고 온다간다 말도 없이 그곳을 떠났지. 그리고 고향에 가서 뒷산에 토굴을 하나 파고, 거기서 먹고 자고 오직 소리연습만 했던 거야. 일 년에 목침 하나씩 다 닳아져 없앴지. 목침에다 북 대신 장단을 쳐 댔으니까... 결국 3년이 흘러 목침 세 개가 다 먼지가 될 때쯤 되니까 나

중엔 아예 아무 소리도 안 나와. 모기 소리만큼도 안 나와. 뭔가 입은 벌려 소리는 하는데 소리는 안 나오고 붕어새끼처럼 시늉만 되는 거야. 그리고 온 몸이 퉁퉁 붓기 시작하는 거야. 소리하느라 몸 안에 진기가 다 빠져 나간거지. 그래서 아 이거 득음도 못해보고 여기서 내가 죽는 구나 낙담이 됐는데.. 그걸 보시고 아버님이 미리 준비한 똥물, 하지만 그게 똥물을 그냥 갖다 마시는 게 아니고 거, 옛날엔 인분을 모아 놓는 곳이 있어서 그걸로 농사지을 때 사용하는 거름용이 있는데, 거기다 대나무를 떨어 뜨려 놓는 거야. 그러면 그 대나무 마디 사이에 얇은 막이 있어서 그 막 사이로 똥 건더기는 못 들어가고 똥물만 조금씩, 조금씩 들어가는 거지. 그래서 대나무 여러 대가 그렇게 채워진 똥물로 꽉 차면 그걸 소주병 큰 거 됫병에 담아 놓는 거지. 약으로 쓰구. 아버님께서 그걸 미리 준비해 놓으셨던 거지. 그래서 아들이 소리 공부하다가 죽게 생겼으니까 그걸 갖고 토굴에 오셔서 '어여, 이걸 마셔라!'하고 권하시는 거야. 그래서 그걸 됫병을 한 번에 다 마시고 사흘 낮밤을 정신없이 잤어. 그런데 신기한 게 그러고 나니까 소리가 자유자재로 되는 거야. 그렇게 시원할 수가 없고 통쾌할 수가 없고 재밌을 수가 없고 날개 달린 새가 된 거지. 핫핫핫.. 하지만 지금은 그런 똥물 먹으면 안 돼. 지금은 모든 게 오염이 돼서 큰일 나. 그 시절만 해도 세상이 깨끗했거든. 핫핫핫...

민요 '한오백년'을 부르며 판소리를 독학하며 조용필은 득음의 경지에 도달한다. 1976년 '돌아와요 부산항에'로 최고 가수가 됐으나 조용필은 거기 안주하지 않았다. 활동이 정지당했다고 해서 좌절에 빠져 무너지지도 않았다. 조용필은 한오백년을 만나 거듭 태어났고, 다시 시작했고 그 소리 길을 한발자국씩 걸어 나가 마침내 득음을 만났다. 그가 그토록 그리던 탁성과 고음과 중음, 저음의 소리 구성을 자신의 몸과 마음에 두루 하나 되어 간직할 수 있게 됐던 것이다. 그렇다. 안주하지 않는 것이 중요한 것이다.

어제 이룬 득음이 오늘 보장되는 법이 없다. 오늘은 또 다시 오늘의 득음을 위해 연습해야만 한다. 그래서 오늘 하루 연습을 안 하면 본인인 내가 알고, 이틀을 안 하면 가까운 친구들이 알고, 사흘을 쉬면 온 세상이 안다는 얘기가 있는 것이다. 그리고 음반을 100만장 판매하려면 100만 번 그 곡을 연습하라는 얘기도 있다. 그만큼 노래로 사람 마음을 감동시키기가 하늘의 별따기라는 이야기인 것이다.

별밤 공개방송

조용필의 연습에 관한 일화를 똑똑히 목격한 바 있다. '이문세의 별이 빛나는 밤에' 방송작가 할 때였다. 1980년대 후반, 별밤 공개방송은 화요일 오후 7시에 녹음을 해서 일요일 밤에 방송이 됐다. 여기 출연하는 가수들은 대개 6시 30분 경 정동 MBC 공개홀에 도착한다. 당대 잘나가는 가수들이니 바쁜 탓이다. 그러던 중 조용필을 어렵게 별밤 공개방송에 출연 섭외했고 마침내 성공했다. 그 시절 스텝들은 오후 5시에 도착해서 미리 준비를 하게 되는데, 그날도 그쯤 도착하니 평소 같으면 고요하기 이를 데 없는 공개홀이 이미 사운드로 꽉 차 있었다. 조용필과 위대한 탄생이 한창 연습 중이었다. 그래서 내가 물었다. '언제 오셨습니까?' 그러자 조용필은 '오전 10시.'라고 답했다. 저절로 고개가 끄덕여지는 순간이었다. 가왕 조용필이 이미 오전 10시부터 와서 연습 중이었다니 저절로 감동이 밀려왔다. 조용필의 연습은 사실 유명하다. 그날도 현장에서만 일찍부터 연습한 게 아니라, 이미 그 이전 일주일 전부터 위대한 탄생과 따로 연습실에서 연습하고, 당일엔 현장에서 본격 연습을 하고 있었다. 이처럼 대가 중의 대가들은 뭐가 달라도 확연히 다르다.

전 서울시립 초대무용단장을 지낸 문일지가 샌프란시스코를 방문했을 때 마사 그레이엄 무용단을 찾았다. 그들의 연습장면을 보기 위해서였다. 오전 일찍 도착해서 무용단이 몸 푸는 모습부터 보기 시작했다. 그런데 뉘엿뉘엿 해질 무렵이 돼도 무용단의 연습은 시작되지 않았다. 그래서 문일지는 현대무용의 어머니, 완벽주의자이며, 일벌레 '마사 그레이엄'(1894-1991, 서른 두 살 되던 1926년 자신의 무용단을 창단했고 첫 발표회가 가난한 노동자들을 주인공으로 한 '반항'이었다. 이후 독무, 군무 포함한 191개의 작품을 발표했으며 마지막 작품은 1990년 '은행 잎 조각'이었다.) 에게 물었다. '연습은 언제 시작하나요?' 그러자 '마사 그레이엄'은 '오늘 연습이 불가능하게 됐네요. 아직 무용수들이 연습할 정도로 몸이 유연하지 않습니다.' 결국 연습장면을 볼 수 없었다.

뉴욕의 역사를 그린 '뉴욕- 한 도발적인 도시의 연대기'(제롬 카린 지음, 시공사 디스커버리 총서 076)에는 '기록과 증언'이 부록으로 등장한다. 그런데 이 책의 맨 마지막 장, '뉴욕의 미래'에 대해서 제롬 카린은 이렇게 뉴욕을 규정한다. '뉴욕은 늘 스스로 성취한 것들을 비웃어 왔다. 그래서 다시 시작할 수 있었다.' 참 대단한 뉴욕, 참 독한 뉴욕이다. 그래서 포크 블루스의 거장 '밥 딜런'이 뉴욕 그리니치 빌리지에서 무명의 춥고 배고픈 포크 싱어로 출발하며, 미네소타의 아버지에게 전화 걸어 '아버지 뉴욕은 세계의 자석이예요. 뉴욕이 사라지면 모든 것은 흩어질 거예요.'(밥 딜런 자서전-바람만이 아는 대답/ 양은모 옮김/ 문학세계사)라고 말한다.

획득한 것을 버릴 줄 알아야한다. 밑 빠진 독에 물 붓기처럼 매일 새로운 물, 더 신선한 물을 길어다 부어야만 한다. 그렇게 뉴욕은 밑 빠진 독. 거기에 매일 새로운 아트와 정신과 영혼을 어떡해서든 갖다 부어야만, 뉴욕은 살아갈 수 있고 존재할 수 있다. 뉴욕은 새로운 문화를 매일매일 먹고 마시며 부활해야만 하는 것이다.

티베트 불교의 만다라 또한 그렇게 스스로 완성된 것을 스스로 부순다. 만다라는 우주법계의 온갖 덕을 총 망라 집대성한 것이다. 부처가 실제 체험한 모든 사실을 그림으로 나타낸 것이다. 가지각색의 빛깔을 뜻한다. 그래서 티베트 불교에서는 해마다 1월 1일이면 만다라를 그려 나가기 시작하는 만다라 담당 승려가 있다. 이 승려는 오직 만다라 그리기에만 전념한다. 다른 보직 일체 없다. 그는 매우 커다란 방 안에서 만다라를 갖가지 빛깔의 곱디 고운 채색모래로 만다라를 그려 나간다. 그래서 일 년에 걸쳐 그 만다라를 완성한다. 그런데 진짜 재미난 것은 그렇게 일 년 동안 애써서 채색모래로 그려낸 그 화려하고, 아름답고, 정신적인 위대함의 만다라가 완성되는 12월 31일 밤 열두시 자정이 되면 그 만다라가 완성되는 데, 바로 그 순간, 만다라를 그려 온 승려는 벌떡 일어나 두 손으로 그 만다라 그림을 모조리 부수고, 흐트러뜨린다. 한마디로 자신의 작품을 자신이 모두 뒤섞어 대 혼란으로 만다라를 사라지게 한다. 그때 주위에 둘러서서 구경하던 사람들, 만다라 갤러리들의 표정이 재밌다. 누구는 아깝다, 누구는 허망하다, 누구는 덧없다, 누구는 허무하다, 누구는 거 참 속 시원하다 등등의 갖가지 표정이 일순 파노라마처럼 펼쳐진다.

그러나 그 만다라 승려는 담담하기 그지없다. 거의 무표정으로 만다라를 해체한다. 그리고 나서 1월1일 새해 새 아침이 시작되면 그는 또 언제 그랬냐는 듯, 또 다시 만다라를 고운 채색모래로 일 년 예정의 그림을, 또 다시 그려 나간다. 뉴욕이 스스로의 성취를 비웃고 다시 시작하듯, 만다라 또한 스스로의 완성을 해체하고야 다시 시작한다. 조용필 또한 그랬다. 그는 '돌아와요 부산항에'라는 그 '인기와 명성의 성취'라는 '일종의 뉴욕'을 비웃고, 일종의 '만다라'를 부수고 다시 득음을 시작했다. 한곡의 히트가 중요한 것이 아니다. 앞으로의 모든 곡의 생명력이 될 득음이 더 중요했다. 그리고 조용필은 '창밖의 여자'라는 새로운 만다라를 그려나가기 시작했다. 물론 그 '창밖의 여자' 앨범에는 지금 이야기 중인 '한오백년'이 그윽하게 자리 잡고 있다.

우주의 미아

조용필의 1집 '창밖의 여자' LP Side. B면의 두 번째 트랙은 첫 트랙 '단발머리'에 이어 '한오백년'이다. 그 시작의 키보드 음은 강 안개 피어오르듯 무언가 마음속에 꽁꽁, 심장 속에 꽝꽝 숨겨 두었던 아프고 억울한 이야기들이, 스멀스멀 피어오른다. 이윽고 조용필의 목소리가 하늘을 찌를 듯, 그리고 다시 꽃잎이 떨어지듯 그렇게 '솟구치는 탄식'처럼, 단숨에 이렇게 우리들을 사로잡는다.

한 많은 이 세상 야속한 님아

그렇다. 모든 것이 유한하다. 대통령도 오래 해야 겨우 18년, 현재 5년 단임 밖에 못한다. 언젠가는 떠난다. 누구는 아프고 누구는 욕먹는다. 누구는 세상을 떠났고, 누구는 하와이로 떠날 수밖에 없었다. 그러니 민초들이야 더 무슨 얘길 하랴. 그래서 신경림 시인의 시집 '농무'(農舞)에서의 '파장'(罷場)이란 시의 한 구절 '못난 놈들은 서로 얼굴만 봐도 즐겁다'처럼, 어쩌다 오며가며 얼굴만 봐도 괜히 좋아 실실 웃음 피어나는 못난 것들끼리, 사랑 비슷한 것을 영화처럼 흉내 낸다. 대중가요처럼 슬퍼하고 안타까워한다. 그런 가운데, 질투와 지루함이 뒤범벅타령 되어 '사랑의 섞어찌개라는 겸상' 대신, 어느새 '이별의 따로국밥이라는 딴 테이블 혼밥 먹기'가 된다. 그렇게 여기저기 헤어진 아픔의 한이 떠도는 세상에 마지막 믿었던 너 마저 떠나는 순간, 이 노래가 칼처럼 와 박힌다. 나의 한의 그 곪다 시피 한 슬픔, 고름 짜내듯 터뜨리며 피눈물 내고야 말 것만 같다.

정을 두고 몸만 가니 눈물이 나네

자, 그런데 사랑이 떠나가면 모조리 갖고 가야하는데 그렇지 않다. 대부분의 떠나는 연놈들은 남겨진 자의 슬픔이나 아픔을 배려할 여유가 없다. 새로운 데이트 스케줄에 바쁜 탓인지도 모르겠으나 아무튼 그토록 알뜰살뜰했던 정을, 그 떠나가는 연놈들은 모조리 두고 간다. 지가 준 것들 지가 갖고 가야 하는데 무례하기 짝이 없다. 하긴 첫인상에서 어딘가 불안하게 살짝 스쳐간 그 싸가지 없음을 천진난만으로 잘못 본 탓이다. 그것도 내 팔자, 내 사랑이려니 했던 것이 잘못이지 싶다. 그런데 그 남겨진 정은, 이제부터 본격적으로 한(恨)이 되어 한없이 커져만 가고 쌓여만 갈 텐데, 그 한의 몸뚱아리(이별이라는 안경을 착용한 이들에게만 보이는 신비한 현상의 극치)를 조용필은 문득 내려다보고, 부여잡는다. 그리고 그 한의 본체인 한의 몸뚱아리 끌어안고, 온 몸으로 또 다시 우리의 조용필은 우주의 미아(迷兒)처럼 노래한다.

아무렴 그렇지 그렇고 말고
한오백년 사자는데 웬 성화요

그것은 체념이요. 또 한편으로는 성질 같아선 얼른 내 뱉고 싶은 욕 대신이다. 그렇다. 떠난 연놈이나 남겨진 분들이나, 이건 뒤집힐 수도 있다. 떠난 분이나 남겨진 연놈들이나... 이렇게 말이다. 아무튼 크게 보면 이 인류역사의, 우주역사의 큰 시각으로 보면 '너나 나나' 거기서 거기, 대규모 빅 히스토리에 있어서 도토리 키 재기일 수밖에 없다. 그런 가운데 마지막 호소 '한오백년 사자는데 웬 성화요'가 등장한다, 말하자면 '겨우 그까짓 것 딱 오백년만 살자는데' '왜 그토록 떠나지 못해, 가겠다고 웬 성화를 부리느냐?' 그런 원망이다. 그 동안의 정을 봐서라도 그렇지, '니가 입장 바꿔 생각해봐라'의 심정에서 빚어진 트집과 책망의 힐난이다. 참으로 야속한 이 상황에서 다시 조용필의 '한오백년'은 2절로 이어진다.

한밤의 칠성단 기원제

백사장 세 모래밭에 칠성단을 보고
님 생겨 달라고 비나이다

이 부분을 들을 때 마다 한강변에 아직 강북 강변도로나 88올림픽 강변도로가 없었던 1960년대 초반의 한강 백사장이 생각난다. 하얀 모래밭이 얼마나 곱고 깨끗했던지 그 위에 여름햇볕 눈부시게 내리쬐고 수영하는 사람들, 튜브를 가슴에 안거나 허리에 찬채 물장구치는 사람들, 밀짚모자를 쓴 팔뚝과 얼굴이 검게 탄 남자들, 한복입고 양산 쓴 여인네들 오가고, 버드나뭇가지 이따금 강바람에 한들한들 춤추는 가운데, 그 모래밭에 기대거나 누워있던 풍경이 생각난다.

바로 그 하얗게 빛나는 '세 모래밭에 칠성단을 보고' '님 생겨 달라고' 기원하는 '비나이다'가 등장하는 한오백년의 2절 첫 머리, 하지만 뭔가 좀 이상하다. 모래밭에 칠성단(七星壇)이 있다는 것이 말이다. 아마도 이 '한오백년'에서의 칠성단은 한밤중 북두칠성의 별빛이 내리고 쌓여가는 '밤과 모래밭 사이'의 그 '별빛 칠성단'을 뜻하지 싶다. 말하자면 떠난 연놈은 연놈이고 이 몸도 살길을 찾아야겠으니 이번엔 떠나지 않는, 최소한 오백년만 더도 덜도 말고 딱 '오백년만 함께 사랑하는 님'을 생기게 해 달라고 기도한다. 하긴 지난 시절에 결혼 전문회사 '함께 해 듀오'도 없

었으니 '한밤의 음악편지'가 아니라 '한밤의 칠성단 기원제'가 있
었겠다.

아무렴 그렇지 그렇고말고
한오백년 사자는데 웬 성화요

그렇다. 니가 가도 좋다. 나도 칠성단의 별빛이 있다. 나도 살길
찾는다. 그러니 떠나겠다는 그 놈의 성화는 그만 좀 부리고 기다
려 달라. 그 약간의 시간을 벌어 '전화위복이 없을까?' 고심하고
고뇌한다. 이렇듯 여전히 이 땅의 '한오백년'은 떠나가는 연놈에
대한 미련을 아예 떨쳐내진 못한다. 그리고 다시 3절이 이렇게 시
작된다.

청춘에 짓밟힌 애끓는 사랑
눈물을 흘리며 어디로 가나

이때부터 이별로 인한 사랑의 상처, 그 참상이 드러난다. 그렇
다. 둘이 눕던 침대에 혼자 누우니 이게 썰렁하고 광막하기가, 길
잃은 '밤의 사하라 사막'이다. 이제 애무나 뽀뽀는커녕 좋았던
시절은 다 끝났다. 이젠 완벽한 남남이다. 그 동안의 모든 속삭임
은 얄팍한 속임수였지 싶어진다. 분한 마음에 그리운 마음에 두
눈이 수도꼭지가 된다. 아, 지난날이 얼마나 좋았던가? 하지만 이
제는 모든 것이 성추행이 된다. 그래서 살아서 옥살이, 죽어서 지

옥살이 하는 길 밖에 없으니 그저 '있을 때 잘할 걸' 하는 후회만 가득하다. 더구나 그토록 상냥했던 그녀의 그 눈길의 향긋함과 살결의 고소함과 목소리의 달달함이 이제 어떤 엄한 놈의 것이 될 생각을 하니 분통이 터져도 이만저만이 아니다.

제대로 상사병에 걸려들었다. 그래서 식음을 전폐한다. 얼음주머니를 이마 위에 얹는다. 하지만 어느새 가슴 속에서 일어난 불길은 숯불을 뒤집어 쓴 것처럼 그 얼음마저 태워버린다. 그러다 보니 그 매운 연기에 눈물이 절로 난다. 그러면서 결국 '아이고 이제 내가 어디로 가나?' '누구한테 가나?' 도통 경황이 없어진다. 미치고 팔짝팔짝 뛸 일만 남았다.

그러나 또 하나 이 가사에서 부러운 게 있다. 짓밟힐 사랑이라도 있고, 떠나갈 사랑이라도 있다는 것이 어떻게 보면 그것도 복이 아닌가 싶다. 그러나 '애끓는 사랑' 이거 진짜 사람으로서 견디기 힘들고 못할 짓이다. 얼마나 '가슴 불' 활활 타 올랐으면 '애'가 그 화기에 힘입어 '끓어올랐을까?' 두렵다. 하지만 여기서 또 하나 이 노래의 절묘함이 있다. 그래서 '애끓는'이라고 해서 그게 고통스러워서 못 본체, 이건 내 일 아니라고 내다 버리지 않는다. 여전히 그 '애끓는 것들'을 사랑으로 바라본다. 애는 끓지만 사랑으로 인정한다. 사랑으로 긍정한다. 그러면서 '애끓는 사랑' 이라고 끝까지 품에 안고 간다.

한 많은 이 세상 냉정한 세상
동정심 없어서 나는 못 살겠네

아무렴 그렇지 그렇고 말고
한오백년 사자는데 웬 성화요

'한 많은 이 세상'인데 갈수록 '냉정한 세상'인데 그러니 사랑하는 사람아 너 마저 거기 한통속 되지 말아달라는 애원이다. 그래서 떠나가는 이에게 '동정심 없어서' '나는 못 살겠네'라고 또 한번 마지막으로 구질구질하지만 이렇게 결론이 내려졌던 것이다. 이것이 한국에서도 가장 힘없는 이들의 마음이다. 인간의 존엄성을 지켜 달라는 게 아니다. 그저 동정심이라도 보태 달라는 것이다. 동정의 눈초리로 쳐다봐주고 동정의 손길로 사랑이란 떡 그거 한 조각, 아니 사랑의 떡고물이라도 그저 조금이나마 연명케 해 달라는 그런 뜻인가 생각하게 되는 가사다. 하지만 우리의 조용필의 '한오백년'은 또 다시 '살길을 찾는 돌파구 작업'을 시도하고 도전한다. 그래서 '아무렴 그렇지 그렇게 독한 세상'인 것은 틀림없어. 맞다니까. 하지만 그래도 그렇지 딱 오백년만 살자는데 그렇게 성화를 하고 가겠다고 재촉하는가? '에이 이 몹쓸 연인... 너무 예쁜 내 사랑아'가 되고 마는 것이다.

그렇다. 이제껏 내 인생의 등불 같았고 갈 길을 찾아주던 밤하늘의 별 같은 사람이 갑자기 불붙은 별처럼 화급하게 제 갈길 가 겠다고 하니, 날 버리고 '아리랑 고개 넘어' 가겠다니 이게 무슨 청천벽력인가? 설마 그럴 리가 하면서 다시 한 번 '눙'치기 한다. 지난 날 민초들의 심정이 오늘의 시민들의 심정이 딱 그렇다. '한 오백년'만 더도 말고 덜도 말고 딱 오백년만 완벽한 자유 민주주의 하자는데 웬 딴청피기 성화들인가? 그래서 오백년 후에는 자유 민주주의 보다 더 좋은 주의를 만들어 활용하면 되지 않겠는가 하고 말이다.

조용필 콘서트- 혼의 소리

조용필의 '한오백년'이 빼어난 절창으로 들려지는 순간은 또 있다. 음반이 아닌 라이브에서였다. 1993년 세종문화회관에서의 '조용필 콘서트- 魂(혼)의 소리'에서였다. 이 콘서트에서부터 조용필의 백 밴드 '위대한 탄생'은 다시 부활한다. 그리고 이때부터 지금까지 조용필과 함께 위대한 탄생에서 활동하는 기타리스트 최희선의 참여가 시작된다. 그에 대해서 최희선은 2011년 7월호 여성동아와의 인터뷰에서 이렇게 말한다.

- 90년대 초까지 (조용필)형은 일본에서 많은 공연을 하고 당시 형은 휴식기를 갖고 있었어요. 그러다가 한국 활동을 결심하고 일본에 있던 밴드 '괜찮아요'(키보드에 이타구라, 섹서폰에

아베, 기타에 히요고쿠, 퍼쿠션에 니시아준, 키보드에 고바야시, 바이올린에 모토이, 드럼에 히요시, 베이스에 이리에 이들과 함께 조용필은 '1990 조용필 콘서트'를 잠실 실내체육관에서 개최했었다.)를 해체하면서 다시 밴드를 만들려는데 그게 잘 안됐던 모양이에요. 마침 저는 최태완, 이태윤 등과 밴드를 만들어 공연하다가 얼마 못가 해체하려던 참이었어요. 마침 용필이 형이 같이 밴드 하자는 제의를 해서 곧 바로 의기투합했죠. 새로 밴드를 만들었으니 이름도 다시 지어야한다고 하는 걸 '그냥 위대한 탄생이 재결성됐다고 하시죠.' 라며 밀어 붙였어요.

위대한 탄생의 명 기타리스트 최희선은 이 인터뷰에서 자신이 무대에서 운 적이 딱 두 번 있었다고 추억했다.

- 무대에서 운 적이 딱 두 번 있어요. 아버지 돌아가시고 이틀 뒤 무대에 올라 형님의 '한오백년'을 듣는데 울컥해지더라고요. 그 곡은 반주가 안 들어가기 때문에 기타를 내려놓고 조용히 들어서 그런지 더 감정이 격해졌던 것 같아요. 두 번째는 2005년 7월 평양에서 공연을 할 때였어요. 공연 절반이 지날 때까지 관객 반응이 없자 무슨 마네킹 앞에서 노래 부르는 줄 알았어요.(웃음) 끝날 무렵 북쪽 노래를 몇 개 하니까 그제야 분위기가 풀리면서 반응이 나오더라고요. 끝나고 박수갈채를 받는데 알 수 없는 감동이 밀려와 또 짠해졌죠.

하늘의 소리

1993년 '조용필- 혼의 소리' 콘서트에서 조용필은 '친구여'를 객석과 다 함께 부르는 아름다운 장면을 연출한다. 조용필 그는 두 손을 부드럽게 들어 올려 3,000여명 객석을 합창 지휘하듯 함께 '친구여'를 노래했다. 그것은 '잃어버린 정 찾아, 꿈속에서 만날까'라는 '친구여'의 가사처럼 객석과 조용필이 혼연일체 하나가 되는 순간이었다. 가슴을 나누고 '혼'이 넘나드는 순간이었다. 이렇듯 조용필의 콘서트 '혼의 소리'는 글자 그대로 '혼의 바다'였다. 노래가 끝나고 조용필은 퇴장한다. 하지만 객석은 그가 돌아오길 기다린다. 박수와 앙코르를 외친다. 그렇게 몇 분이 흐른 뒤 조용필은 다시 등장한다. 그리고 최희선을 울렸던 조용필의 '한오백년'이 시작된다.

그 소리, 모든 것을 잃어버린 한국인에게 하늘이 조용필을 통해 우리에게 내려 준 선물이었다. 그것은 바로 조용필 '한오백년'의 구슬픔이 우리들이 애써서 꼬깃꼬깃 감춰 놓았던, 그래서 잃어버린 눈물, 잃어버린 울음을 조용필이 대신 찾아주는 순간이었다. 그 한오백년에서 나는 조용필의 노래가 칼의 노래인 것을 처음 알았다. 조용필, 그는 아무 것도 '보이지 않는 허공'을 '소울이란 칼날'로 베어 내, 순식간에 '꽃을 피워내는 마법사'였다. 그렇게 조용필, 그는 시간의 바람의 조각가였다.

그날 조용필의 '한오백년'을 통해서 문득 깨달았다. 조용필은 이 땅의 음악이 선택한 한반도의 가수, 이 땅의 대중이 선택한 국민가수, 이 땅을 늘 포옹하고 포용하고 있는 저 하늘의 소리란 것을! 그 모든 것들과, 모든 이들과의 진정한 만남의 첫 데이트는 1970년대 후반 그가 지방의 어느 허름한 여관방에서 홀로 지켜보던 드라마 'TV 문학관'에서의 우연인양 필연처럼 만났던 '한오백년'이었다.

그 '한오백년'의 한과 슬픔의 어둠 속에서 별과 태양과 새벽을 길어 올리기 위한 그의 끝없는 두레박질 같은 음악여정, 저 하늘 별빛 내려와 언뜻 선뜻 비친 두레박으로 번번이 건져 올리지 못한 별들의 빛과 그림자, 그것들을 그토록 찾아 헤매다 마침내 득음이라는 '별 건지기, 별 만지기, 별 나누기'에 성공한 조용필! 그래서 우리는 그를 가왕(歌王)이라고 서슴지 않고 부르고 있다. 하지만 그는 지속적으로 '가수 조용필'이면 얼마든지 족하다고 손사래 친다. 그렇다. 조용필의 '한오백년'을 듣노라면 시인 윤동주의 '서시'에서 나타나는 '모든 죽어가는 것을 사랑해야지'처럼 조용필 그 또한 우리들처럼 모든 죽어가는 것을 사랑하는 사람 그리고 눈물 흘리는 사람, 울음 삼키는 사내 하나임을 알게 된다.

4. 대전 블루스

방송금지

 걸어갈 때나 평소 이야기할 때도 흑인들은 마치 춤추듯 무언가 건들건들 휘청휘청 리듬을 탄다. 거기엔 이유가 있다. 흑인들은 사람이 가만히 있으면 그것을 젊잖게 보거나, 무게 있게 보거나, 생각하는 사람으로 보기 이전에 죽은 사람으로 여긴다. 말하자면 순간순간 자신의 느낌을 흑인들은 움직임으로, 행동으로, 춤으로 표현하는 삶을 산다는 얘기가 된다. 그런가하면 인도에는 눈동자 춤이 있고 그 눈동자 춤을 추는 눈동자 춤의 댄서가 있다. 그리고 한국에서는 오랜 전통에 빛나는 정중동의 춤들이 있어왔다. 그래서 손등은 하늘이요, 손바닥은 대지이다. 그래서 손바닥 한번 뒤집으면 천지가 경천동지한다. 하긴 이 세상 춤이 아닌 것이 어디 있으랴? 커피를 마시기 위해 커피 잔을 드는 것도 커피 춤, 버스에 올라 교통카드를 찍고 어딘가 빈 자리 없나 살피며 순식간에 버스 안을 스캔 하는 와중에 버스가 속력을 내서 휘청 이거나 뒤

뚱거릴 때 그것도 일종의 본의 아닌 버스댄스인 것이다.

 그리고 심장의 두근두근 혈류의 흐름, 손목을 만져보면 감지되는 맥박들, 그리고 어쩌면 미동도 하지 않는 고요한 자세, 그 자체도 '미동 댄스'일 수 있고 그렇게 전개 시켜 나가다보면 '죽음이나 주검마저도 춤'이라 할 수 있지 싶다. 그런 관점에서 '천 가지 춤의 고장' 아니 '만 가지 춤의 고장' 한국 가요사 살펴보면 이난영(1916-1965)의 '목포의 눈물'(1935)과 '목포는 항구다'(1942)는 눈물의 춤, 항구의 춤이 된다. 패티 김의 '서울의 찬가'는 춤추는 서울의 춤, 이인권(1919-1973)의 '꿈꾸는 백마강'(1940)은 곧 백마강의 춤이 된다. 어찌 그 뿐이랴? 문성재의 '부산 갈매기' 또한 갈매기의 춤, 싸이의 '강남 스타일' 또한 당연히 춤추는 강남이라 생각할 수 있다. 그래서 안정애가 1959년 처음 불렀었고 그로부터 21년 후가 되는 1980년 조용필이 다시 부르기 한 '대전 블루스' 역시 '대전'을 무대로 한 '블루스 춤' '이별의 춤' '슬픔의 춤'이다.

 '대전 블루스' 이 노래는 참으로 거창하다. 한 여인이나 한 사나이의 블루스가 결코 아니다. 대전이란 하나의 큼직한 도시가 블루스로 뒤덮여있다.

대전 블루스

최치수 작사, 김부해 작곡, 조용필 노래

1.
잘 있거라 나는 간다 이별의 말도 없이
떠나가는 새벽열차 대전 발 0시 50분

세상은 잠이 들어 고요한 이 밤
나만이 소리치며 울 줄이야

아아아아 붙잡아도 뿌리치는
목포행 완행열차

2.
기적소리 슬피 우는 눈물의 플렛트 홈
무정하게 떠나가는 대전 발 0시 50분

영원히 변치말자 맹서했건만
눈물로 헤어지는 쓰린 심정

아아아아 보슬비에 젖어가는
목포행 완행열차

참 절묘하고도 위대한 가사다. 단 한글자도 버릴 게 없고 단 한 글자도 보탤 필요 없다. 그야말로 더할 나위 없이 안성맞춤 구구절절 '처절함'과 '속절없이'가 해일처럼 몰려다니는 여기는 차마 눈뜨고 볼 수 없는 '이별의 현장'이다. 말하자면 백설희의 가요 명곡 '봄날은 간다'의 여성성과 쌍벽을 이루는 조용필에 의한 남성성의 한국가요 국가대표 급 이별가인 셈이다. 그래서일까? 대전 역사 광장에는 뒷면에 '대전사랑 추억의 노래비' 앞면에 '대전 부르스'라고 표기된 노래비가 세워져있다.

'대전 블루스'와 관련해서 대중문화평론가 최규성은 '우리시대의 명반 명곡- 안정애'의 대전 블루스'(1959년 오리지날)라는 글에서 이런 이야기들을 밝히고 있다.

'위기는 곧 기회, 그런 의미에서 한국전쟁의 황폐화가 있었으나 해방 이후 유입된 미국 대중음악의 한 장르인 블루스는 한국에서도 정통 블루스는 아니었으나 트로트 블루스 가요들을 양산해 내기 시작했다. 그중에서도 블루스의 여왕이라 불렸던 안정애는 대전 블루스, 순정의 블루스, 비정 블루스, 여인 블루스, 다방 블루스, 밤배의 블루스, 자매의 블루스, 카바레 블루스, 도라지 블루스, 호남선 블루스, 탄식의 블루스, 섬진강 블루스, 청춘 블루스, 연락선 블루스... 등이 양산되었다.' 이중에서도 순정의 블루스는 가사 퇴폐, 저속으로 인해 금지곡의 멍에를 쓰기도 했다고 최규성은 전하고 있다.

이제 1980년 '창밖의 여자' 앨범에 수록된 조용필의 '대전 블루스'로 돌아가 본다. 키보드 인트로가 처량 맞고 구슬프게 울려 퍼지고, 그것은 마치 흩어지는 기적소리 같다. 이윽고 조용필의 허스키 보이스가 솟구친다. 그 소리는 마치 무너지는 심신을 가까스로 추슬러 일으켜 세우려는 안간힘 같기도 하다.

사랑은 긴 기차

이렇게 시작된다.

잘있거라 나는 간다

이어서 바로 낮게 더욱 가라앉는 그의 목소리, 그것은 마치 떠나가는 연인을 향한 응시 같다. 그 자리에 못 박힌 자의 아픔 같은 목소리.

이별의 말도 없이
떠나가는 새벽 열차
대전 발 0시 50분

세상은 잠이 들어 고요한 이 밤
나만이 소리치며 울 줄이야

아아아아 붙잡아도 뿌리치는
목포행 완행열차

조용필은 처연하게 어깨 들먹이며 흐느낀다. 그 울음 또 억누르고 삼킨다. 울음을 먹는다. 대전 발 0시 50분 목포행 완행열차는 멀어지는데, 그게 사라지는 게 아니라 사랑의 기차는 오히려, 조용필의 가슴 속으로 더욱 더 아프게 잠입한다. 그 사랑의 기차의 역주행으로 조용필의 가슴은 터져나갈 것만 같은데, 조용필은 더욱 아프게 파고드는 그 '이별이 된 사랑의 기차'를, 그 '추억의 기차'를 받아들인다. 자신의 '알 가슴'으로 품는다. 그것도 아주 '천천히 서서히' 받아들인다. 이 부분이 '조용필의 위대함'이다. 차마 그 누구도 그토록 세차게 못 받아들이고 껴안는 그 '아픈 녀석 그 이별이란 놈'을 그렇게 소중하게 마치 신주단지 다루듯, 온갖 정성 다해 그 기차를 받아들인다. 그 '텅 빈 기차'를 말이다.

그 기차에는 이제는 그림자뿐인, 그 그림자마저도 실재 그림자'가 아닌 '추억의 그림자'뿐인 그 '사랑이었던 이별'을 받아들인다. 그래서 사랑은 울지 않는다. 그래서 블루스는 울지 않는다. 그냥 끝까지 마냥 받아들인다. 마치 소설과 영화로 나왔던 '러브 스토리'에서 '미안해.'하는 올리버에게 제니퍼에게 했던 명대사 '사랑은 결코 미안하단 말을 하지 않는 거야.'처럼 말이다. 그것도 아주 천천히 서서히 받아들인다. 사랑은 그토록 '긴 기차'인 것이고 그토록 '커다란 배'인 것이다. 결코 초싹대서는 안 된다. 하여 조용필의 가슴은 거대하고도 위대하고도 장대한, 지구상 최대의 이별의 기념관, 사랑의 박물관이 되어가는 것이다.

물론 대전 블루스의 가사에서는 이별이 역주행하지 않는다. 하지만 조용필의 노래 본능은 그 기차마저 역주행 시키고 있다. 보슬비에 젖어가는 이별 열차를 조용필은 자신의 눈물로 붙잡아 세우고 있다. 마치 예전에 어느 판소리 명창이 자신이 사랑하던 여인이 보따리 싸 갖고 떠나가려 하자 이별가를 불러 마침내 등 돌려 떠나가던 그 여인, 도저히 그 소리 듣고는 차마 갈 수 없어 가던 발길 되돌렸다고 하는데, 그리고 그 소리가 바로 판소리 진양조의 시작이었다고 하는데, 조용필의 대전 블루스가 그처럼 떠나가는 이별마저 역주행 시키는 힘의 소리, 한(恨)의 소리, 하지만 그 한마저 품어내는 큼직한 한(韓)의 소리를 내는 것이다.

사랑의 쟁기질

그렇다. 이별의 기차를 떠나보내는 게 아니라 오히려 불러 세워 자신의 가슴으로 역주행 시키는 신비한 사내, 참 위대한 우리 대한민국 가객을 넘어선 가왕 조용필, 하지만 그 마저 거부한 채 '가수 조용필'을 더 좋아하는 조용필의 '대전 블루스'는 그 노래를 들은 많은 이들에게 '아, 나도 저런 이별 한번 해 봤으면!' 하는 소망을 갖게 했었다. 그래서 0시 50분에 떠나는 목포행 완행열차를 바라보며 이 노래를 불러보고 싶었을 것이다. 그 정도로 짙은 허무의 노래가 '대전 블루스'이다. 그러나 그 허무는 그냥 허무가 아닌 것이다. 앞서 언급한 것처럼 조용필의 이별로 인한 허무는 그 '허무를 껴안고' 포옹하고 포용함으로서 슬픔의 미학이 된다.

인간은 별의 별 것들을 다 먹는다. 그래서 슬픔도 먹는다. 물론 쉽지 않다. 그러나 조용필이 그것을 해 냈다. '대전 블루스'를 그는 먹은 것이다. 단순한 시식정도가 아니라 그것을 지상에서 가장 소중한 최후의 만찬처럼 드셨던 것이다. 그 역주행을 맛본 정도가 아니라 일용할 양식처럼 기도처럼 가슴에 무엇보다 소중하게 품었다.

조용필의 노래는 마치 허무의 밭을 일궈내는 쟁기질 같다. 그래서 아무 것도 없다고 했던, 아무 것도 심을 수 없다고 생각했던 이제는 다 끝났다고 여겼던 허무의 밭, 그렇게 버려진 밭, 한 때 장미꽃 화사했던 사랑의 정원, 하지만 이제는 날 아프게 하는 가시덤불처럼 보이는 허무의 밭, 그래서 버림받는 허무의 밭, 그래서 천대받는 허무의 밭, 그래서 역사가 못되고 이지러지고 찌그러지고 엿같이 된 그 허무의 밭, 그러나 조용필은 자신의 그 세치혀끝으로 그리고 온 몸으로 삼천리 방방곡곡, 삼천세계의 사랑을 허무의 밭에 씨 뿌리듯 노래한다. 어쩌면 그것은 사랑을 노래 부르는 것이 아니라 사랑을 쟁기질하는 것, 그래서 허무의 굳어버린 그 딱딱해진 황폐의 땅을 조용필은 갈아서 뒤엎어버리는 것이다. 이에 잘 어울리는 시가 있다. 미국계 영국시인 T.S 엘리엇 (1988-1965)의 너무나 유명한 '황무지'(1922)다.

4월은 가장 잔인한 달
죽은 땅에서 라일락을 키워내고
기억과 욕망을 뒤섞고
봄비로 잠든 뿌리를 뒤 흔든다

겨울은 따뜻했었다
대지를 망각으로 덮어주고
가냘픈 목숨을 마른 구근으로
먹여 살려 주었다

조용필의 '한오백년'은 '죽은 땅에서 라일락을 키워내듯' 허무의 밭 거기에 자신의 눈물의 씨앗을 뿌린다. 추억의 씨앗을 심는다. 사랑의 씨앗을 심는다. 회한의 씨앗을 심는다. 용서의 씨앗을 심는다. 그것이 조용필 노래의 씨앗이다. 5,000년을 살아간다는 바오밥 나무도 작은 씨앗 하나로 시작한다. 조용필의 노래도 그렇게 '눈물 한 방울'을 '자신의 가슴에 심어' 그 씨앗 부화시켜 '대전 블루스'라는 '새 한 마리'를 우리들에게 날려 보냈다. 이것이 바로 조용필의 블루스 정신, 조용필 음악정신의 주요한 한 뿌리, 조용필 블루(Blue)인 것이다.

안정애의 '대전 블루스'에 관한 사연 몇 가지를 최규성 대중문화평론가의 글 '우리시대의 명곡/ 명반- 안정애의 대전 블루스'에서 추가 전재한다.

'1959년 발표된 안정애의 '대전 블루스'는 한마디로 대박이 났던 빅 히트곡이다. 음반은 출반 3일 만에 서울과 지방 도매상으로부터 주문이 쇄도했다. 이에 신세기레코드는 야간작업까지 강행했을 정도로 창사 이래 가장 많은 음반 판매량을 기록했다. 당연 작사, 작곡가는 물론이고 가수에게 특별 보너스 까지 돌아갔다고 한다.'

'1950년대는 그 어느 때보다 대중가요와 영화가 공생하며 윈윈했던 시절이다. 영화가 흥행 대박을 터뜨리면 영화 주제가 또한 동반 히트되었고 노래의 빅 히트로 제작된 영화 또한 노래의 인지도를 등에 업고 어느 정도의 흥행이 담보되었다. 엄청난 흥행몰이를 한 '대전 블루스'도 예외는 아니다. 노래 가사의 첫 구절을 제목으로 사용한 영화가 1963년 제작되었다. 이종기 감독이 연출하고 최무룡, 엄앵란, 신성일 등 당대의 인기배우들이 출연한 영화 〈대전발 0시50분〉이다. 당연 안정애의 노래는 주제가로 채택되었다.'

혼자라는 느낌

안정애의 '대전 부르스'나 조용필의 '대전 부르스'가 들려지던 시절엔 '부르스'라고 통칭했었다. 그것이 맞던 시절이었다. 아무튼 지난 시절 호텔 나이트클럽 같은 델 가보면 빠른 댄스곡이 몇 곡 나가다가 문득 블루스 곡이 나오곤 했다. 그러면 연인끼리 혹은 그날 처음 본 남여가 서로의 어깨를 포근히 그리고 무척이나 조심스레 허리를 감싼 채 로맨틱한 감정에 젖어들며 블루스 스텝을 밟았다. 물론 블루스가 서툰 남자나 여자는 블루스 스텝 대신 상대방 구두코를 밟기도 했었다. 그러면서 서로의 향기가 마음에 들고 블루스 춤추는 태도가 마음에 들어 연인으로 발전해, 결혼까지 이르러 아이 낳고 잘 사는 경우도 본 적이 있다.

어느 흑인 블루스 여성 싱어가 이런 말 했다. '아침에 가족들과 함께 여럿이 식탁에 둘러앉았는데 왠지 혼자라는 느낌 들 때가 있는데 그게 블루스 아닌가 싶네요.' 공감 가는 이야기다. 이 혼자라는 느낌을 가슴 싸해지게 표현한 일기가 있다. 팝 아트의 선구자 앤디 워홀(1928-1987)은 자신의 일기 담당 비서를 두어 매일 아침이면 일어나자마자 그녀에게 전화를 걸어, 그 전날 누굴 만났고 무슨 일이 있었고 등등의 세세한 이야기들을 전해 주곤 했다. 그 이야기를 그녀는 앤디 워홀의 일기로 몽땅 정리해 두었고 나중에 책으로 발간된다. 그 책이 바로 앤디 워홀 일기(The Andy Warhol's Diaries/ 앤디 워홀, 팻 햇캣 지음/ 미메시스)다.

앤디 워홀은 그토록 지독스레 자신의 삶을, 그 이야기를 남겨 놓고 싶어 했다.

그 방대한 앤디 워홀의 일기 중에 인상적인 한 부분을 소개한다. '내게 이상적인 아내는 베이컨을 많이 가지고 있고, 그걸 전부 집에 가지고 와야 하며 그밖에 TV방송국을 갖고 있어야 한다.' 또 다른 어느 날 일기는 매우 짧았다. 그것은 '오늘 맨하탄에 나갔었다. 아무 일도 없었다.' 그렇다. 이것은 '앤디 워홀의 블루스'이다. 자신의 작업실 팩토리에 롤링 스톤즈의 믹 재거가 놀러오고, 뉴욕 록 사운드의 상징 루 리드(1942-2013/ 1989년 앨범 New York의 수록곡 'Dirty Blvd.'가 모던 록 차트 1위)가 나타나고, 소설 '티파니에서 아침을'의 작가 트루먼 커퍼티(1924-1984)가 놀러오고, 앤디 워홀의 뮤즈였으며 밥 딜런의 연인이었고 60년대 세계적 패션 아이콘이자 영화배우로서 보이시한 헤어컷, 짙은 눈 화장 등의 매력과 체인 스모커 등의 이미지로 인해, K-POP 스타 보아가 자신의 6집 앨범(Hurricane Venus)에서의 뮤직 비디오 'Game'을 통해 오마쥬했던 모델 에디 새즈윅(1943-1971)이 등장하고, 1963년 작품 '8명의 엘비스'(Eight Elvises)가 2006년 개인 소장가에게 1억 달러에 판매돼, 마침내 액션 페인팅의 그림 '가을의 리듬' 등의 추상화가 잭슨 폴록(1912-1956)과 생전에 3만여 점의 그림을 남겼으며, 세계 최고가의 작품들로 유명한 피카소(1881-1973)와 어깨를 나란히 하는 최고가의 작품을 만들어내는 예술가가 됐지만 그 대단한 앤디 워홀에게도 그런 블루스가 있었다.

릴케의 블루스

독일의 시인 라이너 마리아 릴케(1875-1926)의 너무나 유명한 시가 있다.

가을날

주여 때가 되었습니다
여름은 참으로 위대했습니다
당신의 그림자를 해시계 위에 던져 주시고
벌판에 바람을 풀어 놓아 주소서

마지막 열매들이 살찌도록 분부해 주시고
그들에게 이틀만 더 따뜻한 날씨를 베풀어 주소서
열매들이 익도록 채근해 주시고
무거운 포도송이에 마지막 단맛이 들도록 하여 주소서

지금 집이 없는 사람은 앞으로도
집을 짓지 못할 것입니다
지금 홀로 있는 사람은 오랫동안 외롭게 머물며

잠이 깨어 책을 읽고 긴 편지를 쓰게 될 것입니다
그리고 나뭇잎이 떨어질 때면 불안스레
가로수 사이를 이리저리 헤매일 것입니다

위의 시 고독과 낭만의 시 '가을날'에도 보면 '무거운 포도송이에 마지막 단맛'이 드는 풍요의 가을날에도 그 풍요의 축제에 끼지 못하고 '집이 없거나 집을 짓지도 못하는 사람'이 나타난다. 그래서 '홀로 있는 사람'은 그래도 어떡해서든 길을 찾고, '지니지 못한 삶의 권능' 대신 '타고 난 삶의 본능'에 가까스로 의지해 '외롭게 머물며 책을 읽고 긴 편지를 쓴다'라고 돼있다.

그래서 가을이 더 깊어가다가 이제 겨울이 올 즈음에는 '떨어지는 낙엽을 빗방울처럼 받으며' 그 '가로수 사이를 불안한 마음으로 이리저리 헤매인다'고 예언한다. 그렇게 '홀로 헤매이는 늦가을의 마음' 그것이 바로 위대한 시인 라이너 마리아 릴케의 블루스 '가을날'인 것이다.

가진 것 없는 자들의 축복이 블루스인 것이다. 가진 것 없으나 이처럼 릴케의 시가 있고, 조용필의 '대전 블루스'가 있는 것이다. 그렇다. 수확의 기쁨이 아닌 이별의 아픔을 이들은 소유한다. 그렇다. 안정적 삶이 아닌 방랑과 방황의 삶을 사는 이들을 주목하고 그 비통한 삶을 노래하는 것, 그것이 바로 릴케의 '가을날'이요, 조용필의 '대전 블루스'이고 그래서 블루스 스타일의 삶이 탄생한다.

　슬픔을 받아들이는 일, 아무리 바빠도 자신과 세계의 슬픔을 바라보는 시간 갖기, 심지어 그 슬픔의 이야기와 현장을 즐겨찾기하고 저장하기 하는 것, 그런 것들이 바로 블루스 스타일이다. 물론 블루스는 돈이 안 될지도 모른다. 그러나 블루스는 돈이 없는 자들에게, 자유로운 영혼을 찾고자 하는 이들에게 위로를 베풀어준다.

　그래서 가장 위대한 노래는 그 아티스트가 가장 배고픈 시절에 헝그리 정신으로 살아갈 때 태어난다. 오페라 록커 퀸의 프레디 머큐리의 자서전(낯선 세상에 서서 보헤미안 랩소디를 노래하다/뮤진트리)에 보면 맨 앞줄에 이렇게 나온다. '나는 굶어 죽기로 결심했다. 그리고 실제로 굶기도 했었다.' 그렇다. 하늘은 가장 깔끔하게 비어있는 위장에 노래를 채워준다. 그래서 성경의 마태복음 5장 1절부터 12절까지 팔복(八福)에 대한 말씀이 나오는데 그 요점은 이렇다.

블루스 스타일

　애통하는 자는 복이 있나니 저희가 위로를 받을 것이요, 온유한 자는 땅을 기업으로 받을 것이요, 의에 주리고 목마른 자는 배부를 것이요, 긍휼히 여기는 자는 복이 있나니 긍휼히 여김을 받을 것이요, 마음이 청결한 자는 하나님을 볼 것이요, 화평케 하는 자는 복이 있나니 저희가 하나님 아들이라 일컬음을 받을 것임이요, 의를 위하여 핍박을 받은 자는 천국이 저희 것임이라 등이 나타난다.

그런데 예수께서 제자들에게 산에 올라가 입을 열어 가르치신 팔복 중에서 가장 먼저 나오는 첫 번째 복이 바로 심령이 가난한 자는 복이 있나니 천국이 저희 것임이요, 이 복(福)이다. 오곡백과가 풍성한 땅이 저희 것임이 아니라 천국, 하늘나라가 저희 것임이라고 말씀하고 계신다. 바람과 구름의 나라, 안개와 비의 나라, 태양과 별들의 나라 그 하늘나라 천국이 저희 것임이라고 말씀 하신다. 나는 이 말씀을 '푸른 하늘의 블루스'라 해석한다.

말하자면 아무리 어렵고 가난해도 사기 치지 말고, 정말 먹을 것이 없어서 시골 가서 잡초 뜯어먹고 살더라도, 그 시골 갈 차비도 없어서 도시의 아스팔트를 혓바닥으로 핥아먹더라도, 결코 온유함과 의를 외면하지 말고 긍휼과 깨끗함 대신, 부정부패에 가담하거나 그 패거리의 똘마니가 되지 말고 그것들을 또한 방관도 하지 말고, 그러나 끝까지 화평케 하기 위해 노력하고 그러다 핍박 받더라도 그래서 슬픔의 도가니탕이 되더라도, 그 모든 어려움과 고난과 고통에 함몰되지 않고 이겨 나아간다면, 생명을 얻게 된다는 가르침인 것이다.

세상이 썩는다고 그 쓰레기 함께 주워 먹으려고 하이에나처럼 덤벼들 것이 아니다. 그것은 세상의 소금 같은 팔복의 아이들이 할 짓거리가 못 된다. 그것은 세상의 빛과 같은 팔복의 어른들이 할 일이 아닌 것이다.

이처럼 블루스는 오갈 데 없는 자들의 마지막 비명이다. 이제 죽음을 앞둔 자들의 마지막 유언이다. 그렇게 절실한 것이 블루스이다. 그래서 블루스 뮤지션들은 블루스 뮤직이라는 위로와 공감을 세상에 내 보낸다.

블루스 라이프의 승리

살아있다고 다 살아있는 것이 아니다. 그래서 풀잎의 시인 월트 휘트먼(1819-1892, Walt Whitman)은 거리에 나가보면 수많은, 높이 2미터가 안 되는 관들이 걸어 다닌다고 돌직구를 날렸었다. 그의 시 '나 자신의 노래' 일부를 보여 드린다.

나를 묶었던 끈과 바닥짐은 이미 내게서 떠나갔다
나는 산맥을 에워싸고 내 손바닥은 대륙을 덮는다
나는 내 비전과 함께 걷고 있다

한마디로 자신은 더 이상 검은 관 짝이 아니란 얘기다. 걸어 다니는 그리고 숨 쉬는 그래서 살았으되 결코 산 것이 아닌 걸어 다니는 주검, 검은 관이 아니라는 것이다. 그러면서 월트 휘트먼은 '미국은 본질적으로 가장 위대한 시이다'라고 미국을 세계에 찬란하게 드러내고 있다. 미국의 구두닦이부터 링컨 대통령에 이르기까지 모든 미국의 물결과 바람과 풀잎들을 사랑했던 월트 휘트먼은 그 모든 미국에서 자신의 얼굴을 발견하고 자신의 영혼을 발견하고 자신이 그토록 찾아 헤매던 신성을 발견한다.

그토록 목마르게 그리워하던 인간성을 발견한다. 그 '찾아다님'이 '불안한 음악'이고, '블루스'였다. 그 '꿈틀거림'이 내가 잠들어도 여전히 깨어있는 빛, 내 안의 꿈이다. 그 '요동침'이 '참된 생명'이다. 죽음 대신 진정한 삶의 행진이다. 그렇다 '끈과 바닥짐'은 블루스에 의해서 무너지는 것이다.

핍박과 애통함은 블루스에 의해서 화평과 온유함에 의해서 내게서 떠나가는 것이다. 그 해방을 통해 '나는 산맥을 에워싸고 대륙을 덮는 것'이다. 그토록 어렵게 획득한 자유라는 나의 비전과 함께 걷고 있는 것이다. 그것이 풀잎이고 월트 휘트먼이고 그것이 시이고 그것이 미국이고 그 모든 시작이 블루스인 것이고, 블루스 스타일, 블루스 라이프의 승리인 것이고 기뻐하고 즐거워하는 삶인 것이다. 그래서 월트 휘트먼의 시도 계속된다. 이렇게.

나는 스스로를 찬미하고 노래 부른다

내가 취하는 것은 당신도 취하리라

왜냐하면 내게 속한 모든 원자는
당신에게도 속하기 때문에

위의 시에서 월트 휘트먼은 '나는 스스로를 찬미한다'고 했다. 그것은 매우 제임스 브라운(James Brown) 적이다. 제임스 브라운은 팝의 황제 마이클 잭슨에게 가장 큰 영향을 끼쳤고, 힙합에도 매우 큰 영향을 끼친 바 있다. 그에 대해 '멈출 수 없는 질주-힙합의 역사'(제프 창 지음, 유영희 옮김/ 음악세계) 659쪽에 보면 '빌리지 보이스'에서 1988년 1월, 힙합 특집호를 발행하는데, 그렉 테이트, RJ 스미스, 해리 앨런이 기고한 이 특집호에는 '힙합세대의 문화에는 신선함이 있다' '힙합은 현존하는 아방가르드한 문화로, 지금까지도 새로운 충격을 안겨주고 있다.' '제임스 브라운의 오래된 악곡을 비료로, 전혀 새로운 것을 만들어냈다.' '고지식한 부르조아조차도 이 음악에 매료되고 있다.' 또한 '힙합은 황금처럼 귀중한 것일지도 모른다. 그리고 이 풍요로운 금맥을 가진 자의 저변에는 끝없이 거대한 가능성이 잠들어 있다. 힙합에는 거대한 시장 잠재력과 리얼하고 하드 코어한 자세가 잠들어 있다.'는 예언적인 견해를 기고한 바 있다.

'힙합의 역사' 이 책의 저자인 제프 창은 '고고가 리듬 머신이라고 한다면 힙합은 아이디어 머신이라고 말할 수 있겠다. 깊이

를 알 수 없는 우물처럼 스토리가 끝없이 솟아오르는 것이었다.'
이것이 힙합의 스토리 것이다. 끝없이 지속되는 쇼처럼 끝없이
지속되어야만 하는 블루스처럼 힙합 또한 블루스의 뿌리에서 제
임스 브라운이라는 비료에서 그 생명을 얻는다. 그런 가운데 가
장 그 스토리가 참된 것들이 오래 살아남고, 스스로 먼 훗날 제임
스 브라운 같은 비료가 되고 참된 살과 피, 해방과 화평, 생명과
자유가 될 것이다.

블루스 왕 로버트 존슨

그 블루스 맨들 중에 으뜸 왕이 바로 로버트 존슨(Robert
Johnson, 1911-1938)이다. 몹시 가난하고 어둡게 살았던 그의
짤막한 생애는 27살로 마감된다. 그러나 그는 영원한 전설로 수
많은 후배 뮤지션들에게 지금도 영향을 끼치고 있다. 최고의 기
타솜씨로 일컬어지고 있고 사랑을 넘어 존경 받는 블루스 아티스
트로 군림한다. 블루스 왕 로버트 존슨은 'Forever 27 Club' 즉,
만 27세에 요절한 그리운 아티스트들을 하나로 아우른 이름들 속
에서 늘 첫 번째로 거명된다. 그 'Forever 27 Club'들의 이름들
을 추억한다. 롤링 스톤즈(Rolling Stones)의 '블루스 순수주의자'
였으며 밴드의 이름을 지은 브라이언 존스가 1969년 수영장에서
익사했다. 최고, 최상의 기타리스트 지미 헨드릭스는 1970년 9
월 18일 수면제 과다복용 후 토사물에 의한 질식사였다. 이 비보

를 접한 재니스 조플린은 '같은 해에 최고의 록커가 두 명씩이나 죽을 수는 없지'라는 말을 남겼으나 그로부터 16일 후인, 같은 해 10월 4일 헤로인 과다복용으로 세상을 떠났다.

'모든 것이 죽어가는 대 학살극 속에서 유일하게 살아남는 것은 시(詩)밖에 없다.'라는 말을 남겼으며 문학과 록의 결합을 시도했던 더 도어즈(The Doors)의 짐 모리슨이 이듬해 1971년 파리에서 심장마비로 사망했다. 비틀즈(Beatles)의 조지 해리슨이 만들었던 록 밴드 배드 핑거(Bad Finger)의 리더이자 메인 작곡가인 피트 햄(해리 닐슨의 1971년 히트곡으로 미국, 영국 팝 차트 1위를 기록한 'Without You'가 동료인 톰 에반스와의 공동작품이었고 배드 핑거가 1970년에 발표했으며, 이후 머라이어 캐리 등 180여명의 가수들이 리메이크.)의 우울증으로 인한 자살은 1975년 봄이었다.

1994년 너바나(Nirvana)의 커트 코베인은 엽총 자살했고, 영국 출신의 여성 R&B, 소울 싱어 송 라이터로서 2008년 2월 11일 미국 LA 스테이플 센터에서 개최된 제50회 그래미 어워드에서 6개 부문에 올라 '최우수 신인상' '최우수 여성 팝 보컬상' 등 5개 부분을 수상한 에이미 와인 하우스는 약물문제 등으로 인해, 미국에서 비자가 거부당해 시상식장 참여를 못한다. 마침 갱생치료를 위해 재활원에 입원해 알콜 중독 치료를 받던 중, 새벽 4시쯤 잠시 나와 스튜디오에서 자신의 히트 곡 'You Know I'm No Good'

을 부르며 자축무대를 가졌고, 이 장면은 시상식장과 연결돼 전 세계로 생중계됐었다. 이후 에이미 와인 하우스는 2011년 7월 23일 자신의 침대 머리맡에 빈 보드카 한 병을 남기고 급성 알콜 중독으로 타계했다.

한국에서는 리드 기타 김홍탁, 드럼 윤항기 등이 참여했던 그룹사운드 키 보이스(Key Boys)의 리드 보컬이었으며 엘비스 프레슬리의 'Anything That's Part Of You'의 번안 곡 '낙엽 따라 가버린 사랑'을 노래했으며, 같은 앨범에 '사랑의 종말' '철없는 아내' 등의 히트곡을 남긴 차중락이 27살 나이에 뇌막염으로 유명(幽明)을 달리해 팬들을 서럽게 했다. 만년필에 초록색 잉크를 담아 초록색 글씨로 여백이 대부분인 초록색 연애편지를 쓰던 그의 사후, 한동안 그의 묘소 옆에서 텐트치고 한밤중에도 그를 지키고 사랑하던 여성 팬들이 있었다.

그 'Forever 27 Club'의 블루스 왕 로버트 존슨에게는 여러 일화가 따라 다닌다.

로버트 존슨은 악마에게 영혼을 팔았다.

로버트 존슨은 무대에서 뒤 돌아앉아 등을 보이며 연주하곤 했는데, 그 이유는 자신의 빼어난 기타 연주법을 사람들에게 보여 경쟁자를 만들려 하지 않았기 때문이라는 설이 있다. 로버트 존슨의 기타 실력에 대해 당시 많은 블루스 맨들과 사람들은 로버트 존슨이 밤 12시 십자로 4거리(로버트 존슨은 'Crossroad' 노래를 만들어 불러 악마와의 계약설을 강조하기도 했다.)에 나가 악마에게 자신의 영혼을 팔아 그 영감 가득 찬 음악을 얻었다고 이야기한다.

키스 리차드가 착각한 로버트 존슨의 기타 스킬

롤링 스톤즈의 키스 리차드는 최고의 기타리스트 중 한사람이다. 키스 리차드가 처음 기타를 배우던 시절 기타 선생이 로버트 존슨의 블루스 음반을 들려주었다. 그러자 키스 리차드는 혀를 내 두르며, '로버트 존슨이 정말 기타를 잘 치네요. 그런데 지금 함께 연주하는 사람은 누구인가요?' 물었고 기타 선생은 '로버트 존슨 혼자 치는 건데...' 답했다. 두 사람이 연주하는 걸로 믿을 수밖에 없을 만큼, 귀신이 곡할 정도로 잘 치는 기타였다.

로버트 존슨은 독살 당했다

로버트 존슨과 가까웠던 블루스 맨 동료들 증언에 따르면 로버트 존슨은 연주여행 도중 어느 술집에 들렀다가 그 집의 여주인을 좋아했다. 이를 눈치 챈 그녀의 남편이 로버트 존슨이 주문한 술에 독약을 타서 죽게 했다는 설이 있다. 거의 정설로 알려져 있다. 하지만 이밖에도 바람을 피우다 분노한 부인에게 살해당했다,

어느 동료가 그의 재능을 시기해 죽였다, 백인에게 총을 맞아 죽었다, 악마와 계약한 시간이 다 지나가 버려 사라지고 말았다 등등의 설들도 있다.

로버트 존슨은 때로는 수줍은 소년처럼 가녀리게, 때로는 이른 아침 수탉이 목을 잔뜩 빼어 온 동네 떠나가게 울듯, 때로는 '인생 참 살기 힘들어요!' 라고 호소하는 듯, 때로는 그런 가운데 더욱 의지 있는 목소리로 당당함과 의연함을 보여주는 듯, 혹은 냉소하는 듯, 더러는 가성을 쓰기도 하고, 판소리의 아니리처럼 노래와 말을 넘나들기도 하고, 우물우물 씹듯이 노래하기도 하고, 항의하는 듯, 더러는 우물쭈물 이걸 어쩌지 하는 난처함의 창법도 귀에 들어온다.

로버트 존슨의 블루스 창법은 때로는 좌절에 빠진 사람처럼 탄식하고, 기타는 시종일관 로버트 존슨의 아주 살가운 친구처럼 용기도 주고, 힘도 주고, 함께 우울해한다. 때로는 설득하는 듯, 때로는 빈털터리 떠돌이처럼 정처 없는 하지만 그래서 자유로운 목소리로, 때로는 목을 눌러 납작한 목소리를 내기도 하고 그것은 마치 장난꾸러기 집시 같다. 그리고 마치 두 사람이 대화하듯 서로 다른 창법의 두 가지 개성의 목소리로 모노드라마 같은 노래를 부른다.

때로는 숨넘어갈 듯 고음을 건드리기도 하고, 참새처럼 날아다니거나 뱀을 만난 까치처럼 울기도 한다. 기타는 작은 교회 땡땡거리는 작은 종소리 같기도 하고, 노래는 분노를 표현한다. 그렇다. 로버트 존슨은 블루스를 살고 있고 살았던 것이다. 블루스는 그의 여행, 그의 춤, 그의 꿈의 표현이었고 뜨거운 생존방식이었다. 그렇다. 블루스가 있었어도 스물일곱 살밖에 못 살았는데 만약 블루스가 없었다면 로버트 존슨의 삶은 어땠을까?

사랑의 방랑자

때로 로버트 존슨은 책가방을 잃어버린 소년처럼 난처한 목소릴 낸다. 도저히 찾을 수 없는 책가방 같은 여인 때문에 외로워한다. 자신의 머리카락 같은 기타를 쥐어뜯는다. 로버트 존슨의 블루스를 듣노라면 숱한 그 이후의 수많은 뮤지션들이 로버트 존슨으로부터 영감을 받고, 그로부터 길을 발견하게 됐음을 저절로 알게 된다. 노래의 멜로디와 기타의 리듬과 목소리의 창법과 그 짙은 음색, 미국 남부의 시골길에서 발견되는 저녁 숲의 향기와 커피보다 짙은 검갈색의 너무 타버려 먹을 수 없는 식빵 같은 로버트 존슨의 목소리에서 위안을 발견하게 된다. 그는 농장을 갖지도 못했고 행복을 갖지도 못했고 머무름의 안정과 안주를 부여받지 못한 '사랑의 방랑자'였다. 그래서 그의 기타가 집이었고 자동차였고 자전거였다. 그의 노래가 그의 생수 한 병이었고 그의 싸구려 위스키 한잔이었다.

그는 광인처럼 노래하다 아름다운 여인을 발견한 사내처럼 어쩔 줄 모른다. 그래서 그는 다가간다. 기타를 치며 무대에서 길거리에서 허름한 바에서 그는 그녀에게 다가간다. 하지만 그의 블루스만 그녀에게 소리의 파장으로 마음의 신호로 전해질 뿐이다. 그는 여전히 발 묶여 있다. 마치 이 책의 인트로였던 김지하 시인의 작품 '애린'의 마지막 부분 같기만 하다.

애린
두 눈도 두 손 다 잘리고
이젠 두발 모두 잘려 없는 쓰레기
이 쓰레기에서 돋는 것
분홍빛 새 살로 무심결 돌아오는

애린
애린
애린아

욕망 덩어리

인터넷에는 어느 블로거가 꿀처럼 모아 놓은 로버트 존슨에 대한 찬사들이 나타난다.

우리 모두는 우리의 존재를 그에게 빚졌다
- 로버트 플랜트 (레드 제플린의 보컬)

이제까지 살았던 모든 블루스 뮤지션 중에서 가장 중요한 사람이다
- 에릭 클랩튼

헤비메탈 음악의 증조부
- 다큐멘터리 Metal Evolution 중에서

만약 내가 어렸을 때 로버트 존슨의 음악을 듣지 않았더라면 내가 썼던 가사 중 수백 개가 사라졌을 것이다
- 밥 딜런

로버트 존슨은 진정한 전설이다
- 마틴 스콜세지

내게 있어서 로버트 존슨의 영향력은 혜성과도 같다. 지금도 그의 레코드를 틀면, 최초로 들었던 그날처럼 신선하고 흥미롭다. 사람들은 모두 그에 대해서 알아야한다
- 키스 리차드

어린 시절 하울링 울프나 크림 레드 제플린의 음악에 잠시 관

심을 두기도 했다. 하지만 그 이후 선 하우스나 로버트 존슨의 음악을 들었을 때 완전히 넋이 나가버리고 말았다. 그건 마치 내가 그 동안 모든 인생을 놓치고 있었던 것 같았다. 그 음악 때문에 나는 다른 음악은 다 잊어 버렸다. 그리고 소울 뮤직을 시작했다. 블루스 음악의 정직함에 빠져들기 시작했다
- 잭 화이트

로버트 존슨이 악마에게 영혼을 팔았다는 것은 유감스러운 일이지만, 우리들을 위해서 음악을 위해서는 다행스런 일이다. 나는 그가 그렇게 해 줘서 기쁘다
- 모비

로버트 플랜트는 로버트 존슨에게 존재의 빚을 졌는데 그것은 자신만이 아니라 우리 모두라고 표현한다. 이 말은 로버트 존슨의 블루스를 듣고 거기서 받은 영감으로 자신의 음악을 만들어내기 시작한 모든 이들의 고마움을 대신 말한 것이다. 나도 역시 그렇게 볼 때 로버트 존슨에게 존재의 빚을 진 셈이다. 그렇게 볼 때 안정애의 '대전 블루스'나 조용필의 '대전 블루스' 또한 로버트 존슨으로부터 존재의 빚을 지닌 셈이다. 그러나 로버트 존슨이라는 빚쟁이는 독촉하는 빚쟁이가 아니다. 오히려 보다 더 늘 자유롭게 하는 빚쟁이다. 그는 욕망으로부터의 해방을 그 족쇄를 풀어주는 자유의 천사인 셈이다. 그리고 블루스라는 기차의 창가

자리에 앉게 한 다음 자유라는 영혼의 고향으로 안내하는 고마운 뮤지션이다.

로버트 존슨은 겁먹지 않았다. 욕망에 대해서 전혀 겁먹지 않았다. 하정우가 주연한 영화 '황해' 중에서의 명대사 '난 권투했어. 난 맞을 때도 눈뜨고 맞아.'가 나오는데 로버트 존슨이야말로 삶의 눈, 코, 귀, 입 앞에 펼쳐지는 무수한 볼거리, 맡을 거리, 들을 거리, 먹거리의 풍경들 앞에서, 눈 가리고 아옹 하거나, 코를 킁킁거리며 이성을 잃고 곁 불 쬐듯, 곁 향기를 들이 마시거나, 못들은 척하거나 안들은 척 하며 외면하거나, 남몰래 침을 삼키며 배 안고픈 척 하지 않았다.

그는 결코 비겁하지 않았다. 그는 정면으로 삶의 욕망의 그 무수한 풍경들을 바라보았다. 그리고 그 욕망의 풍경에 휘말려 인생을 망치는 무수한 군상들을 바라보았다. 그런 가운데 그 모든 사람들 속에서 자신의 모습을 발견했다. 그 모든 사람들은 곧 로버트 존슨이었다. 그 모든 이들과 로버트 존슨은 똑 닮은 하나의 욕망 덩어리였다. 그러나 로버트 존슨은 그 욕망의 덩어리들을 하나의 환영으로 볼 수 있는 혜안이 있었다. 그렇다. 파도는 물거품처럼 사라지지만 바다는, 그 푸르름은 사라지지 않는다. 때가 되면 삶도 사랑도 사라지지만 블루스라는 그토록 깊고 푸른 밤의 사랑의 빛은 사라지지 않는다. 이것이 바로 '채털리 부인의 연인'을 쓴 작가 D.H 로렌스(1885-1930)가 얘기한 생존을 넘어선 4차원의 아름다움이다.

로버트 존슨 마음의 눈에 비친 모든 세상 풍경, 욕망의 드라마는 결국 세상을 지속 가능케 하는 에너지의 원천, 동력 엔진이다. 모든 선과 악은 착한사람이라는, 악한 사람이라는 물거품일 뿐 사람이라는 바다는 영원할 뿐이다. 그렇다. 우린 아직 어떻게 사랑할 줄 몰라 '오감도'의 천재시인 '이 상'(李箱/ 1910-1937)의 시, '파편의 경치'에 나오는 블루지한 첫 줄 '나는 하는 수 없이 울었다'처럼 즉, 선과 악의 정체성 찾기의 문제가 아니다. 욕망의 문제를 해결하기 위해 더 깊고 근원적인 물음과 탐험을 통한 답인 결국 존재의 발견인 것이다. 로버트 플랜트가 우리 모두 로버트 존슨에게 존재의 빚을 졌다는 것은 바로 그런 이야기다. 로버트 존슨의 블루스를 들으므로 인해 로버트 플랜트는 자신의 욕망을 넘어선 그 무엇, 존재를 발견할 수 있었다. 그로인해 욕망이라는 감옥으로부터의 해방 즉, 자유인이 될 수 있었다. 그로인해 마음껏 노래할 수 있는 음악의 권능, 블루스의 축복을 받을 수 있었다는 얘기, 감사함의 고백이 되는 것이다.

블루의 등불

델타 블루스의 왕 로버트 존슨은 전사(戰士)였다. 그는 욕망이 밀려들어오면 그 욕망을 맛보고 느끼고 노래했다. 아니 욕망의 풍경 그 너머의 바다를, 그 푸르름을, 그 사라짐의 아쉬움을, 그 이별을, 그 버림받음을, 그 욕망의 뒷모습을, 그 욕망의 만가를, 그 욕망의 하관을, 그 욕망의 덧없음을, 그 욕망의 일대기를 로버트 존슨은 노래했다. 그것이 그의 블루스였다.

로버트 존슨은 은둔 대신 드라마를 택했다. 침묵 대신 외침과 비명을 택했다. 로버트 존슨은 소멸 대신 기꺼이 윤회를 택했다. '나'라는 점(點)에 머무는 감상적 자폐 대신 불굴의 용기로 욕망의 멱살을 잡고, 거리로 시장으로 광장으로 뛰쳐나와, 우리 모두를 겁먹게 하고 부들부들 떨게 하고, 불안으로 잠 못 들게 하는, 그 욕망의 공포를 그 높은 권좌의 자리에서 끌어 내렸다.

그렇게 하기 위해 로버트 존슨은 욕망이라는 악마에게 자신의 영혼을 팔았다. 그리고 재능을 얻었고 그 영혼의 값이 다한 27살 젊은 나이에 세상을 떠났다. 하지만 그는 블루스라는 십자가에 매달려 살았기에, 그의 죽음은 블루스로의 부활을 가져올 수 있었다. 그의 블루스는 그가 재빠르게, 자신의 미친 가슴을 찢어 그 붉은 심장 속 피의 멜로디와 혈맥의 리듬으로, 그 고통의 절규와 신음으로 서툴게 써 내려간 사랑의 연가, 불타오르는 연애편지였기 때문이다. 욕망을 사랑한 사람 로버트 존슨, 아니 욕망에 사로잡힌 사람의 어깨 위에서 훈장처럼 빛나는 한줄기 빛을 사랑한 사람, 그 영원한 존재의 아름다움이라는 그 어깨 위, 작은 새 한 마리를 잡기 위해 조심스레 욕망 앞으로 다가가 돌고래처럼 튀어 올라, 빛의 파도 속에서 블루스를 노래한 사람, 블루스의 빈센트

반 고흐, 로버트 존슨.

어디선가 들려오는 노래가 있어

조용필은 미8군 무대에서 기타리스트로 활동하던 1960년대 말 밴드의 보컬이 갑자기 아파서 못 나왔고 이어서 곧 군 입대를 하게 되는데, 그렇게 보컬리스트가 펑크를 내던 밤 조용필은 대타로 노래를 맡는다. 가수로서의 그 첫날밤, 어느 흑인병사가 신청한 곡이 바로 'Lead Me On'이었다. 'Lead Me On'은 가스펠을 믹스한 블루스와 리듬 앤 블루스의 명창이자 블루스와 소울의 스토리 텔러, 블루스의 사자, 블루스의 프랭크 시나트라로 불리는 Bobby Blue Bland(1930-2013)의 노래다. 통칭 바비 블랜드로 불리며, 냇 킹 콜의 영향을 받은 바 있는, 그는 격정적인 사랑의 연가를 잘 불렀고, 그것은 연인의 배신과 본인의 탄식을 이야기하는 드라마틱한 노래들이 많았고 그것으로 사람들 마음을 휘젓곤 했다.

1981년 블루스 명예의 전당, 1992년 로큰롤 명예의 전당에 헌액 된 바비 블랜드는 1997년 그래미 평생 공로상을 수상했으며 B. B 킹(1925-2015)과 곧잘 함께 거론되는 거장이다. 그 바비 블랜드의 'Lead Me On'을 신청한 흑인 병사의 간절한 눈빛을 조용필은 가수로서의 첫 무대에서 발견한다. 하지만 아쉽게도 그 흑인 병사의 신청곡을 조용필은 알지 못했다. 미안한 마음에 조용필은 그날 밤 알밤대신 날밤을 까며 그 노래를 다 외우고 반주까지 따내 이튿날 밴드의 멤버들과 연습을 마친 후, 이튿날 밤 다시 찾아온 흑인 병사에게 하루 늦게 그의 신청곡 'Lead Me On'을 들려준다.

 그날 밤 흑인 병사는 몇 번이고 댕큐!를 연발했다. 그리고 그 흑인병사는 결국 눈물 흘린다. 그날 밤이 그의 생일이었고 미국 고향에 두고 온 애인 생각 때문이었다. 그날 밤 흑인 병사의 눈물, 그 블루스의 환희를 발견한 조용필은 이런 생각을 한다. '기타를 칠 때는 저렇게 우는 사람이 없었는데 이제 보니 노래를 하니까 사람이 우는구나. 눈물을 보이는구나. 그렇다면 앞으로 계속 노래를 해야겠네.' 결의한다. 그래서 보컬리스트로서의 위치를 고수하게 됐고 그 무렵 어느 날인가 선배가수로서 이미 미8군 무대에서 유명했던 보컬리스트 김정수를 찾아간다. 훗날 김정수와 급행열차라는 밴드의 리더였고, '당신'(1991)이라는 노래를 히트시킨 그 시절의 김정수는 조용필의 노래를 다 듣더니 '안 되겠어. 그냥 기타 치는 게 낫겠어.'라는 말로 가수 불가의 판정을 내린다. 이것은 참 대단하고도 유명한 일화가 된다. 하긴 탁월한 록커 전인권도 초기 무명시절엔 아직 그의 색깔이 드러나지 않아 별반 환영받지 못했지 않은가? 그리고 서태지 역시 데뷔 초기 TV 방송에 나왔을 때 그의 '난 알아요'를 처음 들은 전영록이 '이건 음악도 아니고 더 공부하고 와라.'라는 혹

평을 감수했던 적도 있었다.

바비 블랜드의 'Lead Me On'은 조용필을 기타리스트에서 가수로 선회하게 하는 중요한 영향을 끼친다. 로버트 존슨의 블루스, 그 빛의 흐름을 간직한 바비 블랜드의 블루스 'Lead Me On'이 조용필의 가슴으로 흘러들었던 것이다. 그로 인해 조용필은 최진희의 '사랑의 미로'를 작사한 지명길 작사의 번안 곡 '님이여'를 비공식 첫 앨범에 수록한다.

님이여

당신 생각에 잠 못 이룰 때
그리운 이 마음은 길을 떠난다

어디선가 들려오는 노래가 있어
이 마음은 길을 떠난다

저 하늘 아득한 곳에
작은 별 하나가
나를 나를 울리네

5. 꿈

싱어송라이터 조용필

꿈

조용필 작사, 조용필 작곡, 조용필 노래

화려한 도시를 그리며 찾아 왔네
그곳은 춥고도 험한 곳
여기저기 헤매다 초라한 문턱에서
뜨거운 눈물을 먹는다

머나먼 길을 찾아 여기에
꿈을 찾아 여기에
외롭고도 험한 이 길을 왔는데

이 세상 어디가 숲인지 어디가 물인지

그 누구도 말을 않네

사람들은 저 마다 고향을 찾아 가네

나는 지금 홀로 남아서

꿈속을 헤매다 초라한 골목에서

뜨거운 눈물을 먹는다

저기 저 별은 나의 마음 알까

나의 꿈을 알까

괴로울 땐 슬픈 노래를 부른다

슬퍼질 땐 차라리 나 홀로 눈을 감고 싶어

고향의 향기 들으면서

나는 조용필의 뒷모습이 좋다. 그 뒷모습은 마치 어느 먼 바닷가의 어둠에 잠긴 해변인 것만 같은 것이다. 오래 전 1978년 조금 쌀쌀한 늦가을, 그 시절 CM 제작소 한국 스튜디오(대표는 경음악 평론가 이백천)에서 CM 밴드의 베이스 일을 했다. CM 송 제작이 워낙 많았기에 작편곡자이며 리더였던 이경석 그리고 훗날 밴드 검은 나비에 참여하게 되는 드러머 김덕성, 올 맨 브라더스와 이글스 기타를 잘 쳐 내던 김선기, 건반에 김복순과 함께 5인조였었다. 그 시절 내가 베이스로 참여했던 CM 송 중에 특히 해태 '맛동산'이 기억난다.

그 무렵 하루는 조용필이 찾아왔었다. 무슨 일로 한국 스튜디오를 찾아왔는지는 알 수가 없다. 다만 그때 밴드 연습실 옆에 간이 녹음실이 하나 있었는데, 조용필은 그 스튜디오의 문을 열고 막 들어가려는 순간이었다. 나는 외출했다 돌아오다 문득 그의 앞모습을 2초간 볼 수 있었고, 그는 약간 고개를 숙인 듯한 자세였다. 그는 금세 몸을 틀어 녹음실 문을 여는 옆모습을 1.5초 보였고, 다시 스튜디오로 들어서는 뒷모습을 1초 간 꿈결처럼 본 적이 있었다. 그 시절 조용필은 가요계 은퇴를 선언한 상태였다. 그래서 무척이나 신비에 휩싸인 전설의 존재였다. 어디서 무엇을 하는지 모두들 궁금해 했으나, 도무지 알 수 없었다. 은퇴 이후의 서태지도 그랬고 한동안의 나훈아처럼 조용필의 근황과 행적 역시 전혀 알 수 없었다. 그래서 많은 사람들이 더 궁금해 했고 보고 싶어 했던 그때, 조용필은 낡은 빈티지 풍 짙은 녹색의 바버리코트를 입고 있었다. 계절이 차츰 추워지는 늦가을의 입구였었기에 그 가을코트가 너무 멋져보였다. 김승옥의 소설 '무진기행'(霧津紀行 1964)에 나오는 주인공 같기도 했고, 가을 나그네 같았다. 그런가하면 사랑을 잃어버린 채, 그 긴 추억의 그림자를 해변처럼 끌며, 구름 위를 걷는 사내 같아 보이기도 했다.

어떻게 생각하면 그저 한 사람의 스타, 그 뒷모습일 수도 있었겠다. 하지만 수많은 스타들을 보아왔지만 조용필의 그때 그 뒷모습 너무나 낭만적인 멋진 그리고 블루지한 분위기였다. 그때 짧게 일별(一瞥)한 그의 뒷모습은 그윽함, 장중함 그리고 마치 가슴을 관통하는 듯한 쓸쓸함이 파도쳐 오는 그런 느낌이었다. 그랬던 조용필 그의 그 뒷모습을 아직도 잊을 수가 없다. 그만의 특별한 아우라가 느껴졌기 때문이었다.

자, 이제 '꿈'을 이야기 해 보자. 조용필의 '꿈'이라는 노래를 통해서 세상의 꿈들도 이야기 해 보자. '꿈'은 조용필 작사, 작곡이다. 그래서 일단 여기서 잠시 조용필의 작사, 작곡한 노래들을 살펴본다. 물론 여기엔 조용필 작사만 한 것도 있고, 작곡만 한 것도 있고 조용필이 작사, 작곡을 다한 곡들도 있다.

1집
창밖의 여자(배명숙 작사, 조용필 작곡)
너무 짧아요(윤철 작사, 조용필 작곡)
슬픈 미소(유현종 작사, 조용필 작곡)

2집
촛불(이희우 작사, 조용필 작곡)
간양록(신봉승 작사, 조용필 작곡)

3집
일편단심 민들레야(이주현 작사, 조용필 작곡)

잊을 수 없는 너(이명희 작사, 조용필 작곡)

여와 남(김형윤 작사, 조용필 작곡)

물망초(이희우 작사, 조용필 작곡)

고추잠자리(김순곤 작사, 조용필 작곡)

내 이름은 구름이여(전종현 작사, 조용필 작곡)

너의 빈자리(임석호 작사, 조용필 작곡)

어디로 갔나요(조용필 작사, 조용필 작곡)

4집

못찾겠다 꾀꼬리(김순곤 작사, 조용필 작곡)

생명(전옥숙 작사, 조용필 작곡)

난 아니야(김순곤 작사, 조용필 작곡)

꽃바람(조용필 작사, 조용필 작곡)

자존심(조종순 작사, 조용필 작곡)

비련(조용필 작사, 조용필 작곡)

5집

산유화(정광우 작사, 조용필 작곡)

한강(김순곤 작사, 조용필 작곡)

나는 너 좋아(김순곤 작사, 조용필 작곡)

황진이(장두익 작사, 조용필 작곡)

6집
정의 마음(조용필 작사, 조용필 작곡)

7집
눈물로 보이는 그대(양인자 작사, 조용필 작곡)
어제 오늘 그리고(하지영 작사, 조용필 작곡)
나의 노래(양인자 작사, 조용필 작곡)
내가 아주 어렸을 적엔(조용필 작사, 조용필 작곡)
그대여(하지영 작사, 조용필 작곡)
미지의 세계(하지영 작사, 조용필 작곡)
아시아의 불꽃(소수옥 작사, 조용필 작곡)
여행을 떠나요(하지영 작사, 조용필 작곡)

9집
마도요(박건호 작사, 조용필 작곡)
사랑해요(하지영 작사, 조용필 작곡)

10집
서울 서울 서울(양인자 작사, 조용필 작곡)
나도 몰라(안혜란 작사, 조용필 작곡)

수지(양인자 작사, 조용필 작곡)
우주여행 X(양인자 작사, 조용필 작곡)
서울 1997년(전옥숙 작사, 조용필 작곡)
회색도시(안혜란 작사, 조용필 작곡)
목련꽃 사연(박건호 작사, 조용필 작곡)
I Love You(이규형 작사, 조용필 작곡)
모나리자(박건호 작사, 조용필 작곡)

12집
추억 속의 재회(최은정 작사, 조용필 작곡)
이젠 그랬으면 좋겠네(박주연 작사, 조용필 작곡)
그대의 향기는 흩날리고(석훈 작사, 조용필 작곡)
고궁(최은정 작사, 조용필 작곡)
해바라기(이건우 작사, 조용필 작곡)
나비 리본의 추억(김순곤 작사, 조용필 작곡)
나무야(김순곤 작사, 조용필 작곡)

13집
꿈(조용필 작사, 조용필 작곡)
꿈꾸던 사랑(김선진 작사, 조용필 작곡)
기다림(김선진 작사, 조용필 작곡)

꿈의 요정(김선진 작사, 조용필 작곡)
아이마미(조용필 작사, 조용필 작곡)
꿈을 꾸며(김선진 작사, 조용필 작곡)
추억이 잠든 거리(김선진 작사, 조용필 작곡)
장미꽃 불을 켜요(김선진 작사, 조용필 작곡)
어제 밤 꿈속에서(조용필 작사, 조용필 작곡)

14집
슬픈 베아트리체(곽태요 작사, 조용필 작곡)
이별의 인사(박건호 작사, 조용필, 김영균 작곡)
고독한 러너(곽태요 작사, 조용필 작곡)
추억에도 없는 이별(장경아 작사, 조용필 작곡)
흔적의 의미(장경아 작사, 조용필 작곡)
슬픈 오늘도 기쁜 내일도(김선진 작사, 조용필 작곡)
흔들리는 나무(장경아 작사, 조용필 작곡)
Jungle City(정글 시티/ 곽태요 작사, 조용필 작곡)

15집
끝없는 날갯짓 하늘로(이현규 작사, 조용필 작곡)

16집

그대를 사랑해(조용필 작사, 조용필 작곡)

물결 속에서(양인자 작사, 조용필 작곡)

일몰(양인자 작사, 조용필 작곡)

애상(이건우 작사, 조용필 작곡)

판도라의 상자(이건우 작사, 조용필 작곡)

17집

소망(나현욱 작사, 조용필 작곡)

작은 천국(이애경 작사, 조용필 작곡)

처음 느낀 사랑이야(김선진 작사, 조용필 작곡)

18집

태양의 눈(김성환 작사, 조용필 작곡)

일성(一聲/ 조용필 작사, 조용필 작곡)

위드(임보경 작사, 조용필 작곡)

도시의 오페라(주철환 작사, 조용필 작곡)

꿈의 아리랑(조용필, 이애경 작사, 조용필 작곡)

19집

어느 날 귀로에서(송호근 작사, 조용필 작곡)

보시다시피 조용필은 이처럼 대단한 싱어 송 라이터, 한국대중음악의 거장이다. '창밖의 여자' '단발머리' '촛불' '일편단심 민들레야' '고추잠자리' ',내 이름은 구름이여' '못찾겠다 꾀꼬리' '난 아니야' '자존심' '산유화' '한강' '나는 너 좋아' '황진이' '미지의 세계' '아시아의 불꽃' '여행을 떠나요' '마도요' '서울 서울 서울' '모나리자' '이젠 그랬으면 좋겠네' '슬픈 베아트리체' 등이 조용필 작곡의 대표적 히트곡이다. 그야말로 작곡가로만 따져도 남부러울 것 없는 작곡 능력을 과시한 셈이다.

그밖에 작곡은 다른 작곡가가 하고 조용필이 작사만 한 경우는 없었다. 그래서 작사, 작곡을 함께한 곡을 또 살펴보면 '비련' '꽃바람' '아이마미' 등이 있는데 개인적으로는 '꿈'을 좋아한다. 가요에서 꿈을 노래한 경우는 꽤 많다. 한국 모던포크의 대모 양희은의 '네 꿈을 펼쳐라', 신중현 사단의 싸이키델릭 소울 싱어 김정미의 '당신의 꿈', 퓨전 재즈로 출발했던 봄 여름 가을 겨울의 '어떤 이의 꿈', 쉘부르 출신의 통기타 가수 남궁옥분의 '꿈을 먹는 젊은이' 상송 분위기의 몽환적인 싱어 송 라이터 조덕배의 '꿈에' 강력한 소울풍의 가창력으로 타의 추종을 불허하는 듯한 인순이의 '거위의 꿈', 누군가를 그리워하느라 밤새 뒤척이느라 잠이 모자라 약간의 감기 몸살기운이 느껴지는 듯한 그리고 아주 약간 코 맹맹한 듯한 목소리의 타루가 노래한 '잠들지 않는 꿈' 1940년 상해임시정부 시대에 이인권(1919-1973)이 노래한 '꿈꾸는 백마강' 등이 있다.

나의 소원

1919년 4월 11일, 대한민국 임시헌장(大韓民國 臨時憲章)인 대한민국 임시정부의 첫 헌법이 공포된다. 그 중 '제7조 대한민국은 신(神)의 의사에 의해 건국한 정신을 세계에 발휘하고 나아가 인류문화 및 평화에 공헌하기 위해 국제연맹에 가입한다.'의 글로벌한 꿈이 특히 좋다. 그 구체적 실행방안에 대한 대한민국 임시정부 주석 김 구(1876-1949)의 백범일지에서의 '나의 소원' 중 몇 군데를 발췌해 소개한다.

나의 소원

"네 소원이 무엇이냐?" 하고 하나님이 물으시면,
　나는 서슴지 않고
"내 소원은 대한독립이오." 하고,
　대답할 것이다.

"그 다음 소원은 무엇이냐?" 하면
　나는 또
"우리나라의 독립이오."
　할 것이요.

"또 그 다음 소원이 무엇이냐?" 하는 세 번째 물음에도, 나는 더욱 소리를 높여서
"나의 소원은 우리나라 대한의 완전한 자주독립이오."하고, 대답할 것이다.

나는 우리나라가 세계에서 가장 아름다운 나라가 되기를 원한다. 가장 부강한 나라가 되기를 원하는 것은 아니다. 내가 남의 침략에 가슴 아팠으니 내 나라가 남을 침략하는 것을 원치 아니한다. 우리의 부력(富力)은 우리의 생활을 풍족히 할 만하고 우리의 강력(强力)은 남의 침략을 막을만하면 족하다. 오직 한없이 가지고 싶은 것은 문화의 힘이다. 문화의 힘은 우리 자신을 행복하게 하고 나아가서 남에게 행복을 주겠기 때문이다.

최고 문화 건설의 사명을 달한 민족은 일언이폐지하면 모두 성인(聖人)을 만드는 데 있다. 대한 사람이라면 가는 데마다 신용을 받고 대접을 받아야 한다. 우리의 적이 우리를 누르고 있을 때에는 미워하고 분해하는 살벌, 투쟁의 정신을 길렀거니와, 적은 이미 물러갔으니 우리는 증오의 투쟁을 버리고 화합의 건설을 일삼을 때다.

우리는 개인의 자유를 극도로 주장하되, 그것은 저 짐승들과 같이 저마다 제 배를 채우기에 쓰는 자유가 아니요. 제 가족을, 제 이웃을, 제 국민을 잘살게 하기에 쓰이는 자유다. 공원의 꽃을

꺾는 자유가 아니라 공원에 꽃을 심는 자유다.

이 글을 보면서 새삼 가슴 먹먹하다. 백범 김 구의 꿈이, 그가 안두희(1917년 생으로 1996년 10월 23일 김 구 선생을 존경하는 박기서의 몽둥이에 맞아 사망했으며, 박기서는 징역 3년형을 선고받고 복역하던 중 1998년 3.1절 특별사면을 김대중 대통령으로부터 받아 일주일 후인 3월 8일 석방됨.)의 흉탄에 맞아 타계(1949.6.26)한지 70년이 가깝지만 한국인들 저마다 그리고 세계인의 모든 인류에 이르기까지 그 각국, 각 개인의 독립과 자유, 문화와 행복에 대한 꿈은 여전히 금자탑처럼 빛나고 있기 때문이다.

그 꿈은 어렵게 어렵게 현재도 나아가고 있다. 홍대 앞 인디 클럽에서 세종문화회관에서 대학로 연극판에서 그 꿈은 진행 중이다. 인사동의 갤러리에서, 함평의 나비 축제에서, 이제는 중국에도 전용상설공연장을 개설한다는 난타 공연에서 그리고 조회수 23억을 돌파해 구글이 32비트 정수에서 64비트 정수로 시스템을 업그레이드 할 수밖에 없었던 싸이의 강남 스타일에서, 2017년 9월 18일 오후 6시 공개된 방탄소년단의 LOVE YOURSELF 承 'Her'가 이튿날인 19일(오전 8시 기준) 미국, 영국, 호주, 오스트리아, 벨기에, 캐나다, 덴마크, 핀란드, 프랑스, 독일, 그리스, 아일랜드, 룩셈부르크, 멕시코, 네덜란드, 뉴질랜드, 노르웨이, 포르투갈, 스페인, 스웨덴, 스위스, 불가리아, 체코, 에스토니아, 헝가리, 라트비아, 폴란드, 루마니아, 리투아니아, 슬로바키아, 슬로베니아, 아르헨티나, 브라질, 칠레, 콜롬비아, 코스타리카, 에콰도르, 엘살바도르, 니카라과, 페루, 브루니아, 캄보디아, 홍콩, 라오스, 마카오, 말레이시아, 필리핀, 싱가포르, 타이완, 태국, 베트남, 아르메니아, 아제르바이잔, 벨라투스, 인도, 인도네시아, 이스라엘, 카자흐스탄, 러시아, 남아프리카, 터키, 방글라데시, 코트디부아르, 카메룬, 에디오피아, 리비아, 리히텐슈타인, 몰디브, 미얀마, 팔레스타인, 우크라이나, 일본, 모리셔스 등 전 세계 73개 지역에서 '톱 앨범 차트' 1위를 차지했고,

타이틀곡 'DNA'는 노르웨이, 스웨덴, 불가리아, 에스토니아, 헝가리, 리투아니아, 폴란드, 루마니아, 슬로베니아, 아르헨티나, 브라질, 칠레, 엘살바도르, 과테말라, 페루, 브루니아, 홍콩, 라오스, 말레이시아, 필리핀, 싱가포르, 타이완, 태국, 베트남, 벨리즈, 인도네시아, 카자흐스탄, 터키, 우크라이나 등 29개 지역과 글로벌 아이튠즈 '톱 송 차트' 1위를 기록하며,

그 꿈은 진행 중이다. 이러한 문화건설의 목적을 백범은 우리 모두가 듣고(耳) 말하기(口)에 있어서 마치 왕(王) 같은, 왕(王) 다운 그런 성인(聖人) 됨에 있다고 꿈꾸고 있다. 만만치 않은 일이다. 버거운 일이다. 솔직히 '그런 나라가 될 수도 있겠지!' '언젠가는 그런 날이 오겠지!'하고 고개를 끄덕이다가도 이내 '그런 나라가 정말 될 수 있을까?' '우리 모두 그런 사람들이 될 수 있을까?'

하고 갸우뚱 의문을 갖게 된다. 하지만 가능할 것이다. 모두가 성인이 되는 날이 오고야 말 것이다. 다만 그 문화건설을 실화로 만들기 위해 어떻게 해 나가야하는지 그 과정이 애타게 중요해지고 있는 상황이다. 백범의 문화민족, 문화대국이 되고자 했던 그 원대한 꿈은 백범이 우리 민족을 대신해서 꿈꾸었던 하늘의 계시라 여겨진다. 분명 백범은 꿈에서 모두가 성인이 된 대한민국을 보았을 것이다. 웅대한 현몽이었을 것이다.

그 백범의 꿈이 여전히 이 땅의 산하를 감돌고 있는 대한민국에서 살아가는 이들, 그들 저 마다의 개인의 꿈이 또한 있을 것이다. 나는 어쩌다 택시를 타면 기사들에게 꿈이 무엇인지 물어 보곤 했었다. 그 대답은 다양했다. 어느 기사는 '일 끝나면 매일 소주 한 병을 먹는 게 유일한 낙인데 죽는 날까지 그럴 수 있는 건강, 소주 한 병 마실 수 있는 체력을 갖고 살다 생을 마치는 것이 내 꿈이오.'라고 말했다. 또 어느 기사는 '산을 좋아하는데 국내에 있는 산은 어지간히 다녔지만 일본의 후지산을 꼭 한번 올라가고 싶은데 시간상, 금전상 여의치 않아서 못가고 있는데 그 후지산을 죽기 전에 가보는 것이 나의 꿈.'이라고 말했다. 또 어느 기사는 '80세에 택시기사를 그만 둘 예정인데 그만 두고 나면, 두 달 동안 그 동안 고생한 부인모시고 전국유람 다니는 게 내 꿈이오.'라고 말했다.

그런가하면 조용필의 히트곡 '친구여'의 작곡가이자 건반 연주자였던 이호준(1950-2012)은 잠실 올림픽 종합경기장에서 자신의 연주회를 갖고 싶은 꿈을 지니고 있었으나 이룰 수 없었다. 그러나 '겨울연가' O.S.T 연주회를 도쿄돔에서 가질 수 있었고, 일본의 다른 대도시들에서도 그렇게 큰 규모의 자신의 연주회를 일본의 오케스트라들과 함께 협연한 바 있다. 그리고 한국적 모던 포크와 언더 그라운드 음악운동 모임 '참새를 태운 잠수함' 구자룡 함장(1950-2011)은 생전에 가장 이루고 싶었던 꿈이 전 세계 모든 작은 마을 마을마다, 마을 사람들 스스로가 자신들이 만든 자기 삶의 창작곡들을, 함께 노래 부르는 '참새를 태운 잠수함' 주말공연이, 작은 축제처럼 열리길 소망했었다. 가수 김광석(1964-1996)은 32세로 세상을 떠나기 전 콘서트 현장에서 이런 꿈을 자주 얘기했었다. '마흔 살이 되면 할리 데이비슨을 타고 세계여행을 떠날 겁니다.' 아마도 많은 사람들이 이처럼 여행에 대한 꿈을 갖고 있을 것이다. 되풀이 되는 노동에서 벗어나 자유롭게 새처럼 훨훨 가고 싶은 마을, 도시, 나라,를 찾아다니며 여행자의 시선으로 바람처럼 구름처럼 떠돌고 싶을 것이다.

그밖에도 이 나라엔, 이 세상엔 또 얼마나 많은 개인들의 꿈들이 있을까? 얼마나 많은 버킷 리스트가 있을까? 그렇다. 감히 이루기 힘들다고 해서 자신의 마음속에서 샘솟고, 가슴 속에서 문득 문득 솟구치는 꿈들을 외면하지 말아야 한다. 그 꿈은 내가 안 돕더라도, 내가 포기하더라도 어쩌면 자생적으로 스스로 그 꿈을 이뤄나갈 것이다. 따라서 꿈을 내 마음대로 폐기처분하고 족쇄를 걸고 감옥에 쳐 넣는 짓은 극히 삼가야할 것이다. 게다가 미국의 록커 브루스 스프링스틴이 'The River'에서 '잃어버린 꿈은 꿈이 아닌가요?'라고 꿈의 복권(復權)을 노래한 것처럼, 이루고 싶은 꿈 더하기 잃어버린 꿈 까지 합하게 되면, 그리고 꿈은 있었으되 다 펼쳐보지 못한 채 눈감은 선인(先人)들의 그 꿈은 또 얼마나 숱할까? 실로 어마어마할 것이다.

그 나라의 국력은 모든 국민들 꿈의 총량이 더해진 것이라고 말한다. 거기서부터 비로소 미래를 여는 시작, 상상력의 빛이라는 열쇠가 주어질 테니까 말이다. 그래서 '우리의 소원은 통일/ 꿈에도 소원은 통일'로 시작하는 '우리의 소원'(1947, 안석주가 작사하고 그의 아들 안병원이 작곡했으며 2000년 6월 15일 평양 남북정상회담 때 남북공동선언에 서명한 후 김대중 대통령과 김정일 국방위원장이 손을 맞잡고 합창했었다.)이란 통일에 대한 꿈을 노래한다는 것은 예언이자, 통일을 향해 한걸음 나아가는 동력이다. 하지만 꿈을 잃어버린 사람들도 참 많다. 그래서 조용필의 '꿈'이란 노래가 태어나지 않았을까 생각해 본다.

Puff

조용필은 '꿈'에서 이렇게 노래한다. '화려한 도시를/ 그리며 찾아왔네'라고 노래를 시작한다. 그것은 처음엔 목적이었을지도 모른다. 화려한 도시에 가면 무엇인지 모르지만 백화점과 호텔 등 모든 것이 다 있을 것 같고, 권력과 재산과 명예와 인기 등을 다 이룰 수 있을 것 같고, 꿈속의 여자와 내 인생의 귀인을 다 만날 수 있으리란 희망 말이다. 하지만 그곳은 '뜻밖에도 춥고도 험한 곳'이다. 대략 난감한 노릇이다. 곳곳에 시기와 질투가 난무하고 험담과 올무가 가득한 곳이다. 그런 것들과 싸우느라 지치고 지친 끝에 '여기저기 헤매다/ 초라한 문턱'에 서게 된다.

이런 바닥치기를 극명하게 보여 준 영화가 바로 더스틴 호프만과 존 보이트가 주연했던 영화 '미드나잇 카우보이'(Midnight Cowboy, 1969, 존 슐레진저 감독)였다. 그 라스트 신에서 더스틴 호프만은 춥고 배고픈 뉴욕을 떠나 마침내 꿈꾸던 따뜻한 남쪽의 해변도시 마이애미에 고속버스로 도착했지만 존 보이트가 그를 깨울 때는 이미 그는 죽어있었다. 아마 이 땅의 많은 사람들이 조용필의 꿈에 나타나는 '초라한 문턱에서'란 이 노래 말과 똑같거나 비슷한 삶의 체험을 했을 것이라 생각한다.

조용필의 '꿈'도 마침내 '초라한 문턱'에 당도한다. 화려한 도시를 여기저기 헤맨 끝이 바로 그 초라한 문턱이었다. 아무리 화려해도 그곳이 거처하기 마음 편안한, 행복한 도시의 한 곳이길 그토록 원했건만 화려한 도시는 마치 드라마 세트처럼 겉보기엔 멀쩡한데, 막상 안식할 장소는 아니다. 오히려 화려할수록 마음은 날이 갈수록 초라해지고 좁아져 조바심으로 가득 차오른다. 빌딩은 100층을 가뿐하게 넘기며 우람해지고 거대해지는데 인간은 자꾸만, 왜소해지고 소외감 느끼고 그 화려한 문 앞에서, 벽 앞에서 늘 무너진다. 그런 어느 한순간 지쳐 쓰러진 그 상황 속에서 문득, 주르르 흐르는 한줄기 눈물. 그것은 자신의 내부에 짓눌려 있던 꿈이 울기 시작하는 것이다. 꿈이 '꿈' 스스로를 위해서, 그리고 '그 꿈을 찾아 주기 위해' 늘 함께 다니는 그를 위해 울기 시작한다.

미국의 혼성 포크 트리오 피터, 폴 앤 메리의 '퍼프'(Puff, The Magic Dragon/ 1963년 미국 Hot 100 차트 2위, AC 차트 1위)에 보면 이런 가사들이 등장한다.

Puff, The Magic Dragon

레오날드 립튼, 피터 야로우 공동 작사, 작곡, 피터 폴 앤 메리

마법의 용 퍼프가 바닷가에 살았다네
호나리라고 불리는 곳에서
가을 안개 속에서 뛰어 놀았다네
꼬마 재키 페이퍼는 그런 장난꾸러기 퍼프를 사랑했다네
…

용은 영원히 살지만

남자아이들은 그렇지 않다네
알록달록 색칠한 날개와
거대한 고리는 다른 장난감들에게
자리를 내 준다네

어느 어두컴컴한 밤
그 일이 벌어졌다네
재키 페이퍼는 더 이상 오지 않았다네
그리고 힘센 용 퍼프는 거침없던
울부짖음을 멈췄다네
…

그의 머리는 슬픔으로 숙여졌고
녹색비늘이 비 오듯 떨어졌다네
평생 친구 없이 퍼프는 더 이상 용감할 수 없었다네
그래서 힘센 용 퍼프는 슬퍼하며
동굴 속으로 들어갔다네

피터 폴 앤 메리의 '퍼프'에서는 퍼프라는 용(龍)의 녹색비늘이 비 오듯 떨어졌다고 하는데, 조용필의 '꿈'에서는 '초라한 문턱에서/ 뜨거운 눈물을 먹는다'고 돼있다. 그렇다. 용은 상상 속의 동물이다. 그것은 산타클로스 같은 것이다. 더 이상 산타클로스도 없고 용도 없다고 생각하는 순간이 어느 소년에게 찾아 올 때, 그래서 더 이상 용을 찾지 않을 때 그리고 크리스마스이브에 흰 눈이 펑펑 내려도 더 이상, 가능한 한 커다란 양말을 준비하지 않을 때가 온다. 그 순간 동심이라는 어린이, 내 마음 속의 어린왕자는 퍼프처럼 슬픔으로 무거워진 머리를 숙이며, 찬란하고 싱그럽던 꿈의 날개들인 녹색비늘을 다 떨구어 낸다. 그리고 힘없이 동굴 속으로 들어가 아예 숨어버린다.

꿈은 그렇게 무한한 가능성으로 풍요롭던 우리들 어린 시절의 모습이다. 그러나 그 어린아이는 어른이 되면서 동굴 속으로 들어가 버린다. 우리들 잠재의식 속으로 숨어 들어간다. 꿈을 잃어버리고 현실 속으로 매몰되고 만다. 그 대신 화려한 물질의 도시를 갖고 싶은 것이다. 가장 높은 곳에서 도시를 점령한 기쁨을 만끽하고 싶은 것이다. 어른이 되어 가장 높은 어른 넘버원이 되어 어딜 가나 상석에 앉고 싶고, 어딜 가나 사람들을 지도하고 싶다. 그러나 문득 깨닫는다. 설령 그 꿈을 이뤘다고 해도 그것은 '초라한 문턱'이고 그 안에 내 영혼이 영원히 거처할 수 있는 내부는 존재하지 않는다는 것을 말이다.

노래라는 붕대

화려한 도시는 내 꿈을 품어줄 누군가의 가슴이 없다. 꿈을 꽃 피우려면 그 씨앗을 품어줄 가슴이 필요한데 그 가슴이 없다. 그러니 자신의 꿈을 위해 숲 속의 아늑한 휴식과 안녕과 평화가 필요한데 그 숲이 없고 도처에 늪만이 즐비하다. '... 머나먼 길을 찾아 여기에/ 꿈을 찾아 여기에/ 외롭고도 험한 이 길을 왔는데...' 말이다. 이런 뼈아픈 권투경기장의 링 같은 도시의 현실 속에서, 사람들은 포크록 싱어송라이터 닐 영이 Heart of Gold에서 '진실한 마음'을 찾아가듯이 '저마다 고향을 찾아 가네'라고 조용필은 노래한다. 피터 폴 앤 메리의 퍼프가 재키 페이퍼 소년을 잃어버리고 슬퍼하며, 동굴로 들어가듯이 조용필은 '초라한 골목에서/ 뜨거운 눈물을 먹는다'고 또 노래한다. 이 부분이 중요하겠다. 사람들은 그렇게 저 마다 고향을 찾아 가는데, 조용필은 '나는 지금 홀로 남아서'라고 노래하고 있다.

그는 쉽사리 다른 사람들처럼 고향을 찾아 떠나지 못한다. 그는 어쩌면 고향으로의 회귀(回歸)나 귀거래사(歸去來辭)의 유턴이 아닌 이 화려한 도시에서 결판을 내고자 하는지도 모르겠다. 사람들은 떠나가는데 그는 여전히 '지금 홀로 남아서' '초라한 골목에서' '뜨거운 눈물을 먹는다'고 노래하고 있기 때문이다. 그는 아마도 끝까지 사람들과의 연대를 꿈꾸는 것인지도 모르겠다. 그는 끝까지 가슴과 가슴의 진실한 마음의 네트워크를 꿈꾸는 것인지도 모르겠다. 내 꿈을 품어 줄 그 단 한사람, 단 한가슴이 필요한 것인지도 모르겠다. 더구나 그 꿈을 조용필은 포기하지 않는다.

나폴레옹은 내 사전에 불가능은 없다고 했는데 조용필은 포기란 없다인 것이다. 그러나 조용필은 구체적인 자신의 꿈을 말하지는 않는다. 다만 '저기 저 별은 나의 마음 알까/ 나의 꿈을 알까'라고 노래하며 잠시 탄식할 뿐이다. 그러면서 나의 꿈을 알아주지 못하는 모든 이 세상에 대한 야속함과 그로인한 아픔 때문에 '괴로울 땐/ 슬픈 노래를 부른다'라고 노래한다. 또 다시 노래라는 붕대를 칭칭 동여매는 것이다. 그리고 그 괴로움이 장기전이 되고 마침내 슬퍼질 땐, 그래서 무너지려 할 땐 '차라리 나 홀로 눈을 감고 싶어'라고 노래한다. 결코 꿈을 포기하지 않는다. 그러면서 '고향의 향기 들으면서'라고 또 노래한다.

어디서 무슨 소리인가

불교에서 관세음보살(觀世音菩薩)은 산스크리트어로 'अवलोकितेश्वर, avalokiteśvara' '모든 것을 내려다보시는 지배자'라는 뜻이다. 그리고 관세음보살의 존재의 의미는 석가모니 입적 이후 다음 세상에 미륵불로 나타나 세상을 구원하기까지, 중생을 고통으로부터 지켜 주는 대자대비(大慈大悲)의 보살이다. 티베트에서는 달라이 라마를 관세음보살의 현신으로 받든다. 말하자면 모든 세상의 소리를 다 보고, 고통을 위로하고, 행복을 지켜주는 역할이 관세음보살인데, 바로 그 관세음(觀世音), 세상의 소리를 본다는 이 부분이 특히 중요할 것이다. 소리를 듣기만 하는 게 아니라 그 소리가 들려오는 곳을 바라본다는 뜻이기에 그렇다. 소리를 듣고 마이동풍(馬耳東風) 우이독경(牛耳讀經)으로 마구잡이 대충대충 흘려보내는 게 아니라 그 소리가 무슨 소리인지 확인하는 것이 바로 소리를 보는 것이라 생각된다.

그래서 그 소리가 어디가 아파서 내는 소리인지 똑똑하게 확인하고 그에 대한 대처를 돕는 게 바로 관세음보살이다. 조용필의 '꿈'에서는 조용필 마음속 어린소년 즉, 퍼프의 재키 페이퍼나 어린왕자 같은 꿈의 존재가 내면에서 고통 호소하는 걸 듣고(世音), 보면서(觀) 그 이야기를 노래한다. 그 이야기는 '춥고 험한' 고통의 초라한 문턱에서 '뜨거운 눈물을 먹는' 비애, 이런 것들로부터 벗어나기 위해 '어디가 숲인지 물인지'를 묻지만 '그 누구도 말을 않네'라고 절망한다.

그러나 그 말없음을 조용필의 '꿈'은 듣는다. 그래서 그들이 말 안 하고 있으나, 이미 고향 찾아 떠나고 있음을 조용필은 듣고, 보았고, 노래한다. 그러나 조용필은 고향을 찾아 떠나는 사람들처럼 자신도 어딘 한적한 곳에 은거하며 힐링하고 싶어 하기보다는, 그래서 유유자적하기 보다는, 여전히 화려한 도시에서의 마주 보길 원한다. 서로의 고통의 소릴 듣고 치유해 줄 수 있는 사랑의 세상, 관세음(觀世音)의 세상을 꿈꾼다.

그러나 그 이야기 하기에는, 그대로 드러내기에는 부모 자식사

이나 피를 나눈 형제사이라 해도 민망하고도 부담스런 세상살이
가 되고 말았다. 그러다보니 결국 홀로 남아 '뜨거운 눈물'을 먹
는 순간을 맞이한다. 그리고 서로의 삶을 함께 마주할 수 없고,
서로의 슬픔을 마주 볼 수 없는 이 각박함, 이 비정함의 도시를
조용필은 괴로워하고 슬픈 노래를 부른다.

사람들은 이제 슬픔조차도 느낄 수 없는 감정의 마모상태인지
도 모른다. 괴로움조차도 느낄 수 없는, 그 한계상황을 넘어 서
버린 것인지도 모르겠다. 그래서 막연한 이기적 개인의 안식만을
그릴 뿐이지 진정한 사랑과 평화의 세상을 꿈꾸고, 그것을 향해
돌진하고 획득해 함께 나누려는 그 꿈을 잃어버리고 말았는지도
모른다. 그래서 조용필은 자신의 노래 '꿈'에서 또 이렇게 되 뇌
이고 있다.

장자의 나비 꿈

슬퍼질 땐 차라리 나 홀로 눈을 감고 싶어
고향의 향기 들으면서...

조용필은 고향의 좋은 기운일 수 있는 고향의 향기(鄕氣) 그 깨
끗한 공기와 정기(精氣)를 코로 맡지 않고, 귀로 듣고 있다. 고향
의 봄꽃 동산에 백화만발한 그 꽃들의 향기를 귀로 듣고, 가슴으

로 듣고, 온 몸으로, 온 마음으로 듣고 있는 것이다. 고향의 시냇물 소리의 그 향기도, 고향하늘 위로 흘러가는 한조각 구름의 향기도 듣고 있는 것이다. '소리를 보는' 관세음보살과는 또 달리 '향기를 듣는' 가왕 조용필의 '꿈'이다.

이쯤에서 장자(莊子, B.C 369? - B.C 286)의 나비의 꿈을 이야기할 때가 된 것 같다. 노자(老子)의 사상을 계승 발전시킨 도가(道家)의 장자는 어느 날 꿈을 꾼다. 저 유명한 나비의 꿈, 호접지몽(胡蝶之夢). 장자는 꿈에 나비가 된다. 나비는 훨훨 자유롭게 날아다니며 기쁨을 만끽한다. (이 부분이 참 특이하다. 대부분의 사람들은 스스로 날개가 달린 것처럼 하늘을 붕붕 날아다니는 신기한 꿈을 꾸는데, 장자는 나비가 날아다니는 광경을 바라보는 꿈이 아니라, 스스로 나비 자체가 되어 하늘 나는 꿈을 꾸었다.) 그러다 장자는 나비 꿈에서 깨어난다. 더 이상 날아다닐 수 없는 장자로 돌아온 것이다. (그때는 오빌 라이트와 윌버 라이트 형제가 미국에서 나는 기계, 비행기 특허를 받던 1903년 5월 22일이 오려면 2,000년도 더 기다려야만 했던 시절이었다.) 그 순간 장자는 생각한다. '내가 잠시 나비가 되었었나?' '아니면 나비가 지금 장자가 된 것일까?' 알 수 없는 일이다. 하지만 그런 가운데 장자는 장자와 나비 사이에 구분은 있으나 나비가 장자가 되고, 장자가 나비가 되는 끊임없는 만물의 변화를 포착한다. 대단히 혁명적인 착안이었다. 우주만물의 생성과 소멸 그 천변만화의 생명의 이야기 속에서, 장자가 삶의 비상구 하나 '나비 꿈'을 찾아내 그가 손가락으로 가리키기 시작했던 것이다.

연연해하지 말라는 말이 있다. 집착으로 인해 미련 말라는 이야기다. 어느 남성잡지의 편집장을 하던 여성 편집자가 있었다. 그가 연애를 했다. 찐한 사랑이었다. 잘 안됐다. 이 여자 잡지 일 때려치우고 강원도를 종횡무진하다 낙산사에 머물기 시작했다. 그렇게 몇 달 지났다. 동해의 푸른 물결이 이별의 분노와 그리움으로 인해 마치 화재현장 같은 그녀의 가슴을 식혀주곤 했으나 그녀는 아직 연연해 있었다. 산산조각이 난 채 가정을 지키겠다며 등 돌린 유부남과의 이루어질 수 없는 소설 같은 사랑 때문이었다. 그러던 어느 날 낙산사 주변 바닷가를 산책하고, 머물던 방으로 돌아가던 중, 길 위에서 어느 스님 만났다. 스님은 그녀를 보자마자 대뜸 대갈일성! '이 봐. 이젠 먹지도 못할 다 쉰밥 뭐 하러 가슴에 품고 다녀. 얼른 내다버려! 어서 서울 올라가!' 그리고 또 가던 길 휙 하고 가버렸다. 그녀는 처음엔 어이가 없었다. 하지만 곰곰이 생각해보니 자신에게 딱 들어맞는 말이었다. 깨진 파편 같은 사랑의 거울조각 몇 개를 품고 다녀봐야 상처만 깊어갈 뿐, 자해와 자학만 깊어갈 뿐이었다. 자신도 모르는 체, 스스로 자신을 서서히 죽여 가고 있었던 것이다. 물론 사람은 그런 고통의 맛, 거짓의 맛까지도 낱낱이 맛보곤 한다. 마치 꿀 먹는 소처럼 이 꿀, 저 꿀 다 당하고, 온갖 쓴맛, 비린 맛, 역겨운 맛, 썩은 맛 다 본 다음 그제야 어물전 털어먹고 꼴뚜기 장사를 나서기도 한다. 국어사전에 나오는 모든 언어를 감각적으로, 감정적으로,

감상적, 감동적으로 모조리 체험한다. 하지만 버림받을 때가 있고 여전히 사랑으로 착각한 쉰밥을 음식물 쓰레기봉투에 넣어 버려야만 할 때가 있다. 그것이 천지만물의 변화 속을 살아가는 한 생명으로서 당연한 이치인 것이다. 거기서 한 치도 벗어날 수 없는 것이 날 것의 삶이다.

따라서 장자의 나비 꿈은 그처럼 인연이 다함에 대해 연연하지 않을 수 있게 하는 삶의 지혜다. 비틀즈의 드러머였고, 요즘도 세계적인 연주자들과 더불어 '링고 스타 & 올 스타 밴드 콘서트'를 줄기차게 이어가는 링고 스타(Ringo Starr)는 비틀즈가 소녀 팬들, 여성 팬들의 함성으로 인해 더 이상 자신들의 기타 소리, 드럼 소리, 노래 소리가 거기 파묻혀 들리지 않게 되자, 결국 콘서트를 그만 둘 정도로, 최정상의 인기를 구가할 때도 링고 스타는 '이 인기도 언젠가는 다 지나갈 거야.'라고 혼잣말로 되뇌었다. 그야말로 뭘 좀 아는 드러머, 뮤지션이었다. 그리고 비틀즈 활동으로 거부가 되어 원형극장을 포함한 큰 정원이 딸린 저택을 마련했지만, 그 정원을 산책하면서도 자주 이 말을 되뇌었다. '나 같은 친구가 지금 여기서 뭘 하고 있는 거지?' 라고 말이다. 결코 어느 한 현상에 함몰되지 않는다는 얘기인 것이다. 그렇다. 정원을 좋아했던 링고 스타의 꿈이 이뤄졌지만 또 한편으로는 정원의 꽃과 나무들과 나비와 새들이 링고 스타를 꿈꾸었는지도 모를 일인 것이다. 링고 스타는 건축회사 지분을 갖고 있었다. 그러나 그 회사는 망한다. 그러자 링고 스타는 이렇게 말한다. '좋은 집을 아주 많이 지었습니다. 하지만 그런 집을 살만한 돈이 있는 사람이 없었던 거죠. 회사가 문을 닫았어도 손해를 보지는 않았어요. 다만 새 집이 한 다스 생겼는데, 오랫동안 비워 둘 수밖에 없었죠.' (The Beatles/ 헌터 데이비스 지음, 이형주 옮김, 펴낸 곳/ 베텔스만) 그리고 그에 대한 평가를 누군가 이렇게 말했다. "존은 비틀스의 영혼이고, 조지는 비틀스의 정신이고, 폴은 비틀스의 심장이고, 링고는 비틀스의 드러머다."

햇살 같은 맨살

참 좋은 이런 노래가 있다.

나에겐 꿈이 있어요
어떤 일이든 극복할 수 있게 도와주죠
동화 속의 경이로운 일들을 이해한다면
비록 실패할지라도 미래로 나아갈 수 있어요

나는 천사를 믿어요
보는 것마다 뭔가 좋은 게 있죠
적당한 시기가 되면 시내를 건널 거예요
나에겐 꿈이 있어요

위의 노래, 참 멋진 가사 아닌가? 스웨덴 그룹 '아바'(ABBA)의 1979년 히트 곡 'I Have A Dream'의 1절 가사이다. 에너지를 뿌리는 태양 같은 노래, 진정 맑고 깨끗한 노래, 따뜻하고 매력적인 노래. 미래를 향해 나아가게 하는 긍정과 희망의 노래, 달콤함 대신 달콤함의 극치인 순수함의 흐름이 그윽한 노래다.

예쁘고 밝고 아름다운 노래, 정성을 다한 노래, 정감 넘치는 노래다. 고귀한 감정의 노래, 우리들을 어느새 동화 속으로 이끄는 노래다. 요란하지 않지만 천국의 문을 두드리는 노래. 진흙탕 속에서도 부드럽고 연한 연꽃을 피워 올리는 노래다. 결코 오염된 환경에 물들지 않고 부패에 감염되지 않는 노래. 이 세상 가장 맑은 아이들의 미소로 만들어진 꽃잎 같은 노래. 실제로 아바는 스웨덴 스톡홀름 국제학교 어린이 합창단과 2절을 함께 노래한다. 노르웨이 출생의 프리다 링스타드(Frida Ringstad)가 이 노래를 주로 이끌어 가는데, 정말 아름답게 노래한다. 프리다의 숲 같은 몸 안에는, 하늘같은 마음속에는 무수한 새들이 살아가고, 그녀가 입술 열어 노래하기 시작하면, 기다렸다는 듯이 그 새들이 쏟아져 나오는 것 같았다. (www.youtube.com/watch?v=r82fyOb8F5w)

아바의 'I Have A Dream'이 아름답게 우리들을 설레게 하는 까닭은 이 노래에 꿈이라는 햇살이 비쳐들기 때문이다. 언젠가 정동에 소재했던 라이브 카페 '참새를 태운 잠수함'에서 한겨울에 싸구려 소파에서 잔뜩 꼬부리고 개잠을 잔 적이 있었다. 그때 마땅히 갈 곳이 없었던 겨울밤이었다. 나는 몹시 추웠고 그렇게 대충 개겼다. 그러다 아침이 온 것 같아 잠 깨어 눈을 떴다. 그 카페는 창문이 좋았다. 낮은 3층이었는데, 나는 놀라운 정경을 볼 수 있었다. 겨울나무, 이파리 한 장도 없던 그 겨울 은행나무에 어느새 아침 햇살이 비쳐들고 있었다.

어찌나 따스해 보이던지, 그리고 어찌나 풍요롭던지 와아! 감탄사가 절로 나왔다. 겨울나무의 차가움, 쓸쓸함이 한 꺼풀씩 벗겨져 나가고 있었다. 겨울나무의 패배감, 무력감, 태양에 대한 배신감이 회복되고 있었다. 이른 아침 겨울햇살 속에서 겨울나무는 부활하는 중이었다. 겨울나무는 봄 나무처럼 따스한 나무의 꿈을 꾸기 시작했다. 햇살 덕분이었다. 아침햇살이 내리자 겨울나무는 세상에서 가장 아름다운 꿈의 나무로 변신하고 있었다. 겨울나무에게는 겨울햇빛이 하나님이었고, 부처님이었다. 어머니였고 연인이었고 사랑이었고 평화였다. 희망이었고 꿈이었다. 꿈의 만남이었다. 그것은 소리 없는 노래였다. 조용필의 '꿈'에 나타나는 '고향의 향기 들으면서' 같은 그런 노래였다. 꿈이 이뤄지고 있었다. 결코 '내 인생의 잊을 수 없는 순간 100'의 하나였다. 겨울나무에게 가장 필요했던 옷 한 벌, 그것은 바로 겨울햇살이라는 옷 한 벌, 사랑을 쏙 빼닮은 꿈의 옷 한 벌 바로 그것이었다.

겨울나무 같은 사람에게는, 그렇다. 한여름 삼복더위에도 옆구

리가 시린 사람에게는, 더도 말고 덜도 말고 똑, 그런 '햇빛 같은 눈빛' 하나, '햇살 같은 맨살' 하나 필요할 것 같다. 아니면 스스로 누군가에게 겨울나무 같은 누군가에게, 그런 햇빛 같은 눈빛 주며, 햇살 같은 맨살 아낌없이 적절한 때가 오면 내어주며, 먹거리로 뭉텅이로 내어주며 살아갈 일이다.

우드스탁 페스티벌

그런 눈빛 대규모로 주고받는 만남의 음악문화 광장을 열어 놓았던 인류최대의 인파가 몰려들었었고, 그 내용이 최고의 소울(Soul)로 충만했다고 여전히 전해지고 있고, 존 바에즈, 지미 헨드릭스 등 최상의 뮤지션들이 참여했고, 지구촌의 영원한 평화를 염원했던 최선의 축제가 있었다. 평화가 담긴 음악의 강물이 자유롭게 흘러, 새로운 세상을 위한 영원한 행복의 바다를 이룩해내자는 새로운 삶의 메뉴얼을 위한 탐험을 제안했던 역사적인 축제 'Wood Stock Music & Art Fair 1969'가 공식명칭이었고 이제는 '우드스탁 페스티벌'로 전 세계적으로 추억되는 바로 그 축제였다. '3일간의 평화와 음악'(3DAYS OF PEACE & MUSIC)을 기치로 내걸고 뉴욕 근처의 베델평원처럼 배짱 두둑한 맥스 야스거의 농장에서 열린 우드스탁 축제에는 40만 명의 히피들이 방문했다. 처음엔 하루 입장료 8달러씩을 받을 예정이었으나 수십만 명이 한꺼번에 밀어 닥치는 바람에 목책은 무너지고 매표소의 의

미는 순식간에 사라졌다. 결국 '에라 모르겠다. 인심이나 팍팍 쓰자.'하고 울며 겨자 먹기로 무료공연을 선언한다.

비가 오고 진흙탕이 되었으나 그것이 오히려 즐거운 놀이터가 됐다. 마이클 랭을 비롯한 뉴욕의 젊은이들 네 명이 모여서 시작됐던 우드스탁 페스티벌은 그 네 친구들 중 한명이 아버지로부터의 거액의 유산을 받으면서 '이 돈으로 뭘 하지?' 라는 말 한마디로 인해 가능성이 열렸다. 그러나 멋진 축제도 열고 돈도 좀 벌자는 이들의 꿈은 결과적으로 우드스탁 페스티벌이 무료공연이 될 수밖에 없게 되면서 '아, 이제 우린 모두 쫄딱 망했구나!'하고 머리를 감싸 쥐었고 곧장 쥐어뜯기 시작했는데, 축제 이후 다큐멘터리 영화 판권 등으로 인해 5,000만 달러 이상의 수익을 올린다. 헤드 프로듀서였던 마이클 랭은 지금도 미국과 유럽의 페스티벌 음악 감독으로 잘 나가는 누가봐도 행복한 날들을 누리고 있다.

권위 있는 음악잡지 롤링스톤에서는 우드스탁 페스티벌을 '로큰롤 역사를 바꾼 50가지 역사적 순간'의 'No.1'으로 올려놓았다. 여성 싱어 송 라이터 조니 미첼(Joni Mitchell)은 그 축제를 TV로 지켜보다가 이듬해인 1970년 '우드스탁'(WOOD STOCK) 노래를 작곡해 자신의 앨범에 수록했고, 같은 노래를 '크로스비, 스틸즈, 내쉬 앤 영'(Crosby, Stills, Nash & Young)도 같은 시기에 불러 히트시킨 바 있다. 가사의 일부를 소개한다.

그는 길을 따라 걷고 있었지
난 어디로 가는 건가 물었어

예스더의 농장으로 가
로큰롤 밴드에 합세하러 간다더군
정신을 해방시키려고 말이야

우리는 최초로 해낸 사람들이야
우리는 황금이야

조니 미첼은 시간에서 벗어나고 싶은 듯 노래한다. 일렉트릭 피아노 인트로는 그 출구를 찾아 탐색한다. 그것은 연약한 인간의 호소, 이루어지기 쉽지 않은 꿈의 노래, 주술사가 되어 꿈을 부르는 노래였다. 전쟁에 참여하는 대신, 그래서 전쟁터 한복판에서 적을 죽이든, 자신이 죽어가든 그런 헛된 죽음 말고 평화에 참여하고 싶은 인간의 마음을 노래한다. 그 꿈을 간직한, 나직한 침착한 목소리로 그렇게 꿈을 노래로 불러낸다. 크로스비 스틸즈 내쉬 앤 영의 우드스탁 버전은 일렉트릭 기타의 암팡지고 야무진 사운드로 시작된다.

크로스비 스틸즈 내쉬 앤 영의 우드스탁은 백악관에 걸린 전쟁의 시계를 내리고, 이제 전 미국의 도시와 마을에 모든 집들의 거실에, 모든 사람들의 손목 위에 평화의 시계를 내 걸자고, 차고 다니자고, 서로 선물하자고 권유하는 느낌이다. 그들은 우드스탁이라는 사닥다리를 타고 올라가 도시의 광장 시계탑에서 재깍거리는 전쟁의 시계를 내리고자 한는 것이다. 우드스탁은 반전운동, 평화운동의 결정적 분출구 같은 사랑의 음악 활화산이었다. 분명한 평화 선언이었다. 밥 딜런이 1962년에 작곡해서 1963년에 발표한 '바람만이 아는 대답'(Blowin' In The Wind/ 이 노래는 롤링스톤가 선정한 역사상 가장 위대한 노래 15위에 올랐다.)을 통해 전 세계적으로 '얼마나 더 많은 포탄이 날아가야 전쟁은 끝이 날까/ 그 대답은 내 친구 바람만이 알고 있지...'라고 노래했는데, 그로부터 6년 후인 1969년 8월 15일부터 17일까지의 3일간 그 의문의 씨앗에 대해 우드스탁 페스티벌이 '지금이 바로 그때'라고 응답하고 있었다.

Freedom

전설의 우드스탁 페스티벌의 제1부 축제는 1969년 8월 15일 오후 5시 7분부터 7시까지의 '리치 해븐스'(1941-2013, Richie Heavens) 무대로 시작된다. 리치 해븐스는 아버지가 인디언 혈통이고 어머니는 영국 계, 그는 싱어 송 라이터, 기타리스트였고 무엇보다도 격정적이고 격렬한 태도로 객석과 세상의 편견과 무관심을 향해 노래한다. 그가 20장의 스튜디오 정규앨범(1967-2008)과 두장의 라이브 앨범, 13장의 싱글(1967-1980)을 남기고 뉴 저지에서 2013년 4월 22일 심장마비로 72세 나이에 세상을 떠났을 때, 영국 BBC에서는 그의 죽음을 알리며 '리치 해븐스는 우드스탁의 아이콘'이라 했고, 데일리 텔레그라프는 '리치 해븐스는 현대 음악의 지울 수 없는 흔적을 만들었다.'고 추모했다. 뉴욕 타임스의 더글라스 마틴 기자는 '리치 해븐스의 첫 무대로 인해 우드스탁 페스티벌은 사람들의 관심과 흥미를 확고하게 끌어 모을 수 있었다.'고 그의 음악업적을 기렸다.

리치 해븐스는 우드스탁 오프닝 무대에서 날카롭고 세찬 통기타 사운드를 선보인다. 그런 가운데 지속적으로 'Freedom, Freedom, Freedom...'을 외친다. 텅 빈 기타, 고요했던 기타가 천 마리의 건장한 갈색 말처럼 우드스탁의 허공을, 수십만 관중의 가슴 속을 대초원인양, 누비며 내달린다. 그의 온몸과 옷이 흠뻑 땀으로 젖어든다. 콧수염의 그가 대기를 호흡했고, 대기 안에 촉촉한 눈물로 적혀있던 사랑과 평화의 메시지가 그의 가슴 속으로 파고든다. 그의 심장에 흐르는 붉은 피가 꽃처럼 활짝 혹은 살짝 피어나, 피울음 같은 자유와 독립과 해방을 몹시 외치고 있었다. 사람들은 통기타 하나를 품고 올라온 그를 보며 처음엔 '그저 잔잔한 음악 하겠지.' 지레짐작하다가 결국 노래가 3분의 2쯤 흐르자 하나둘씩 일어나 전 객석이 모두 함께 기립박수와 환호를 보낸다. 하늘의 꿈을 리치 해븐스가 노래했다.

바로 이 하늘의 꿈이 조용필의 '친구여'에서도 나타난다.

친구여

하지영 작사, 이호준 작곡, 조용필 노래

꿈은 하늘에서 잠자고
추억은 구름 따라 흐르고
친구여 모습은 어딜 갔나
그리운 친구여

옛일 생각이 날 때 마다
우리 잃어버린 정 찾아
친구여 꿈속에서 만날까
조용히 눈을 감네

슬픔도 기쁨도 괴로움도 함께했지
부푼 꿈을 안고 내일을 다짐하던
우리 굳센 약속 어디에

꿈은 하늘에서 잠자고
추억은 구름 따라 흐르고
친구여 모습은 어딜 갔나
그리운 친구여

사랑과 평화를 꿈꾸던 친구는 하늘에서 잠자고 있다. 살아서 함께 커피 마시고, 함께 술잔을 짠 부딪히던, 함께 웃고, 함께 농담하고, 함께 걷던, 함께 이야기하던 그리고 뒤에서는 욕도 하고 앞에서는 눈치도 보던 그 친구가, 아니 그 친구의 꿈이 이제는 하늘에서 잠자고 있다. 그리고 그 꿈을 이야기하던 그 모든 날들의 추억은 하늘에서 구름 따라 흘러 다닌다. 친구의 꿈으로 푸르게 하얗게 빛나는 하늘, 그와의 정을 다시 따스하게 만나고 싶어 조용필은 조용히 눈을 감고 친구를, 친구의 꿈을 확실하고도 가깝게 느끼기 위해, 하늘을 꿈꾼다. 그렇다. 조용필의 '친구여'에서의 하늘은 그냥 푸른 하늘이 아니다. '푸른 꿈'으로 가득한 '푸른 하늘'이다. 괜히 푸르른 하늘이 아니라 꿈으로 부푼 '꿈의 푸르른 하늘'인 것이다. 그 하늘을 흘러가는 구름 또한 그냥 흰 구름이 아니다. 그 흰 구름은 친구와 나와의 추억이 함께 흘러가는 '추억의 구름'인 것이다.

조용필의 '친구여'는 이처럼 동양적이고 초연한 태도로 꿈을 이야기하고 노래한다. 직접적으로 인류의 꿈인 자유, 사랑, 평화, 해방에 대한 꿈을 요구하는 것이 아니다. 이처럼 은근하게 달빛처럼 소망한다.

길 위의 여행

리치 해븐스의 무대가 7시에 끝나고 10분 휴식 후, 7시 10분부터 20분까지 10분간 인도의 종교 지도자이며, 요가의 정신적 스승 사치다난다 사라스와티(1914-2002, Satchidananda Saraswati)가 무대에 올라와 우드스탁 페스티벌을 위한 기도와 오프닝 스피치를 한다.

이어서 10분간 휴식, 7시 30분부터 8시 10분까지 40분간 L.A 출신의 Sweet Water Band의 대단히 몽환적이고 전위적인 공연이 이어졌다. 그것은 저 마다의 길을 찾는 혹은 살 길을 찾는 도시 안의 구도자들과 식량과 집을 구하는 자들이 뒤섞인 도시 풍경을 쏙 빼 닮았다. 앨버트 무어가 연주하는 플룻(Flute)이 인트로를 이끌었고, 신음소리 같은 백 보컬과 여성 보컬의 역시 심상찮은 멜로디가 이어진다. 전위예술 록 밴드이다.

스위트 워터 밴드에 이어서는 역시 10분간 휴식하고, 8시 20분부터 9시 15분까지 55분간 포크 싱어 송 라이터이자 TV 연기자 버트 서머(1949-1990, Bert Sommer)의 스테이지가 펼쳐졌다. 버트 서머는 밤처럼 까만 헤어밴드를 두르고 제니퍼(Jennifer) 등을 노래했다. 자신의 기타 포함 2대의 아쿠스틱 기타와 사뿐사뿐 새처럼 날아오르는 일렉트릭 기타가 사운드의 전부였다. 버트 서머는 마치 더 도어즈의 짐 모리슨 같았다. 뉴욕 주 앨버니 출신의 버트 서머, 그는 노래의 대부분을 두 눈을 감고 노래한다.

고음에서는 신들려 흥분한 샤먼처럼 높다랗게 외쳤다. 마흔 한 살에 세상을 떠난 버트 서머는 우드스탁에서 폴 사이먼이 작곡했고, 사이먼 앤 가펑클이 1968년 4월 3일 컬럼비아 레코드를 통해 발표, 빌보드 싱글 차트 97위에 올랐던 '아메리카'(America)를 다시 부르기 했다. 그밖에도 언뜻 여성보컬로도 오인 받을 만큼 여성성 감도는 목소리와 창법의 버트 서머는 1969년 우드스탁 무대에서 스물여덟 살의 목소리로 날카롭고도 앙칼지게 '스마일' (Smile) 등을 노래했다. 버트 서머는 '찰나의 파도'에서 '기타라는 서핑보드'에 의지한 채, '영원의 바다'를 그리워한다. '닿을 수 없었던 꿈'에 도달하기 위해 노래했던 버트 서머의 서정의 주조는 애조 띤 애수와 그로인한 애환이었다. 가히 조용필이 한때 한국 가요의 장르를 애가라 부르고자 제안했던 '애가' 같았다.

들꽃

조용필의 애가, 애수 띤 노래 가운데 대표적인 노래 '들꽃'(하지영 작사, 이범희 작곡으로 1985년 발표, 조용필 7집 수록)이 있다.

들꽃

나 그대만을 위해서 피어난
저 바위틈에 한 송이 들꽃이여

돌 틈 사이 이름도 없는
들꽃처럼 핀다 해도
내 진정 그대를 위해서 살아가리라

언제나 잔잔한 호수처럼
그대는 내 가슴에 항상 머물고
수많은 꽃 중에
들꽃이 되어도 행복 하리

　바위 틈 사이에 피어난 들꽃, 참 살기 쉽지 않고 혼자라 생각하고 고독하게 울고불고 할 것 같지만 조용필의 '들꽃'에 등장하는 들꽃은 그렇지 않다. 조용필의 '들꽃'은 이름 없는 꽃이지만 '그대만을 위해서' 피어났다. '그대를 위해서' 살아간다고 약속한다. 거룩하다. 그리고 '그대가 항상 내 가슴에' 머물러 있다고 한다. 그래서 '수많은 꽃 중에' 들꽃이 되어도 행복하다고 고백한다.

　지상의 모든 들꽃, 어느 날 조용필에게로 왔다. 그의 가슴 속으로 걸어 들어오고, 날아들었다. 조용필은 7집 앨범을 낼 때

37살, 보통의 상식으로는, 서서히 육체적 젊음의 끄트머리에 서기 시작할 때였다. 하지만 조용필은 7집을 만들 때 이런 생각을 한다. '내가 젊은이들의 대변인이 돼야지.' 그리고 2013년 헬로 음반을 냈을 때, 이런 말 한다. '지금의 10대, 20대들이 조용필이란 이름을 모른다면 난 그게 더 좋다. 왜냐하면 그들은 나에 대한 그 어떤 선입견 없이 내 음악을 신인가수 대하듯 평가 할 테니까 말이다.'

나이에 대해서는 이미 피카소가 한방에 정리했다. 여자와 예술가에게는 나이가 없다고 말했다. 나이가 들어 갈수록 피카소의 그림은 젊어졌고, 나중엔 아예 동심으로 돌아간 어린이 같은 마음이 그의 그림에 더욱 더 두드러졌다. 3만점의 그림을 남긴 피카소의 명언은 많은데 그 중 두 가지만 소개한다.

1. 그림은 공간을 장식하기 위해 만들어진 것이 아니다.
정신문명을 말살하려는 적들을 막아내기 위한 공격적인 무기다.

2. 회화는 미학적인 작업이 아니다.
이 이상하며 적대적인 세계와 우리를 중재하도록 설계된 마법의 형태이다.

우드스탁 페스티벌에 모인 40만 명 인간의 가슴 속에 고이 간직된 40만개의 심장, 거기서 뿜어져 나오는 '생명의 붉은 피 꽃', 그것이야말로 바로 우드스탁 들판에 피어난 '더 많은 숫자의 들꽃들'과 더 불어 함께 노래하는, 40만 송이 들꽃 히피들의 노래였다. 그렇게 함께 하나의 마음으로 합창할 때, 한 송이 들꽃의 하나의 노래는 위대한 오색 무지개 되어, 하늘로, 그 마음을 답신해 올리는 눈물겨운 장엄함이다.

수사자와 암소, 라비 샹카

다시 사람들로 북적거리는, 히피들로 웅성거리는 1969년 우드스탁 그 축제의 현장으로 가 보자. 방금 버트 서머의 무대가 마쳐지고 9시 15분부터 20분까지 5분간 휴식하고 이때 대마초 일발 장전, 아니 이건 순전히 농담이다.(오해 없으시길 제발! 제발! 제발!) 아무튼 잠시, 5분간 휴식이 지루하다면 옆에 앉은 연인에게 옛 영화배우 허장강(1923-1975)의 영화대사처럼 '우리 심심한데 뽀뽀나 한번 할까?' 하고 여쭤 보시든가... 이런 상상의 농담을 하면서 우드스탁 무대를 바라보면, 9시 20분부터 무대에 오른 아티스트는 팀 하딘(1941-1980, Tim Hardin)이다. 그는 25분 동안 9시 45분까지 자신의 무대를 갖는다. 팀 하딘은 포크 뮤지션이고 작곡가이다. 그의 히트곡으로는 바비 다린(1966)이 먼저 불렀고 이듬해 1967년, 팀 하딘 본인이 스스로 불렀고, 더 훠 탑스(1968), 쟈니 캐쉬와 쥰 카터(1970)가 리메이크했던 '만약 내가 목수라면'(If I Were A Carpenter)이 있다. 그리고 팀 하딘이 자신의 데뷔 앨범(1966)에서 처음 발표했고, 로트 스튜와트가 1971년 뜨겁게 불러 노래의 존재를 온 세상에 아주 확실하게 각인시킨 바 있는 '믿음의 이유'(Reason To Believe) 등이 있다.

팀 하딘이 내려 간 후, 15분간의 휴식이 있었다. 다음 순서는 인도의 시타르 연주자 라비 샹카(1920-2012)의 무대. 라비 샹카는 10시부터 10시 35분까지 35분간 연주했고 그때 비가 왔다. 그 빗속에서 라비 샹카는 'Raga Manj Khamaj'를 연주했다. 처음엔 코브라가 기어가듯, 그러다 서서히 고개를 곤추 세우고 혀를 날름거리듯, 허공을 맛보며, 춤추듯 겁주듯 움직인다. 그것은 하나의 움츠렸던 생명이, 하나의 납작하게 눌렸던 마음이 일어서기 시작하는 듯싶다. 그리고 두리번거리며 조금씩 대담해지고 과감해지는 음악, 그러면서 세계는 라비 샹카의 음악을 충분히 받아들인다. 이것은 음악의 허공에 대한 아슬아슬한 삽입이다. 허공의 넉넉한 음악 품음이다. 기쁨으로 차오른다.

이제 침묵하던 허공이 함께 춤춘다. 그 반응에 라비 샹카의 음악은 마음껏 여유롭게 노래한다. 확신을 통한 질주가 시작된다. 호흡으로 시작된 음악에 이제는 비트가 수반된다. 충분히 리듬을 타는 것이다. 허공은 완벽하게 라비 샹카의 음악을 감싸 안는다. 아, 이젠 오히려 라비 샹카의 음악이 슬쩍 물러서는 듯한다. 허공이 그의 음악이 빠져 나가거나 중단되지 못하도록 더욱 세차게 조여 댄다. 라비 샹카의 애타던 아픔이 타는 열락으로 빠져들기 시작한다. 불꽃이 타오르고 이내 불꽃이 튄다. 라비 샹카의 음악, 그 소리들의 춤은 점입가경.

이제는 라비 샹카도 없고 오직 음악만이 존재한다. 마치 초현실주의 화가 살바도르 달리(1904-1989)의 그림처럼 모든 벽은 녹아 흘러내린다. 허공에서 보이지 않는 땀방울이 자욱하구나. 지상의 모든 특히 우드스탁 그 주변의 모든 사악한 기운들은 그 불꽃에 모조리 타버린다. 소멸한다. 음악의 아름다운 힘이다. 무기가 아닌 악기의 위대함이다. 폭격이나 폭파를 통한 소멸이 아닌 음악의 춤과 노래를 통한, 열락을 통한 변화로의 유도함이다. 사악함을 선함으로, 아름다움으로의 변화를 유도해 연착륙 시켜, 새로운 생명으로 부활시키고야 만다. 이쯤에서 라비 샹카가 연주하는 인도의 대표적 악기 시타르는 기쁨이라는 새를 날려 보내는 큰 나무, 보리수가 된다.

라비 샹카의 음악은 내 영혼에 상처를 낸다. 몇 줄의 생채기에서 피가 솟는다. 나는 손바닥으로 그 피를 닦는다. 그것은 고여 있던 피, 내 영혼은 다시 순수해지고 맑아지고 행복해지고 거뜬해진다. 그대의 영혼도 깨끗해질 것이다. 우리들의 영혼은 늘 그것을 원한다. 세상에서 가장 깨끗한 것을, 라비 샹카는 모든 욕망의 즙을 다 짜낸다. 보이는 족족 다가가 그 욕망을 어루만지는 듯 싶더니 곧장 짜낸다. 허공에 노출된 욕망은 곧장 사라진다. 욕망은 풀처럼 빨리 자란다. 라비 샹카의 시타르를 연주하는 손길은 좀 더 빠르다. 그것은 진군한다. 욕망에 휘둘리고 휩싸여서 어쩔 줄 모르는 그 누군가를 위하여 그는 그렇게 연주한다. 그의 손끝에서 햇살이 튀고, 달빛이 젖는다. 그는 킬러처럼 다가가 아이처럼 위로한다. 그의 소리는 수사자와 암소가 함께 비벼져있다.

더 잘 할 수 있어

영화 서편제의 주연이었고 전 문광부장관이었던 김명곤은 서울사대 독어독문학과 시절 판소리를 배우고자 1962년 초대국악협회 이사장 및 판소리 보존협회 이사장을 지낸 바 있는 명창 박초월(1917-1983)을 찾았다. 그 박초월로부터 김명곤은 판소리를 배웠고 박초월은 자신의 아들의 과외공부를 김명곤에게 맡긴다. 서로가 교육 품앗이를 한 셈이다. 그 시절 김명곤에게 박초월은 조용필의 성음(聲音)에 대해서 이렇게 말한다. '참 타고난 명창이야. 그런데 암성이야.' 여성적인 목소리라는 이야기다. 그렇게 볼 수 있다. 1976년 '돌아와요 부산항에'를 듣고 박초월 명창이 내린 판단이다. 그 시절 조용필의 목소리는 노래의 매무새를 '살캉거리는 꽃잎처럼' 마무리 한다. 아직 맵시에 속해있었지 싶다. 이후 1980년 그의 비장미가 돋보이는 공식 1집 '창밖의 여자' 앨범에서부터 그의 목소리는 거창해진다. 숫성, 남성의 목소리를 더욱 드러내고 겸비한다. 맵시에서 솜씨까지 아우르게 된 광대무변의 광폭행보였다. 살캉거리던 꽃잎과 거친 파도의 숨소리, 그 물결 그 억센 목쉼이, 가득하고 그윽해진 것이다. 사람의 가슴에 맡기고 싶어 했던 어떤 노래라는 꽃잎이 사람의 가슴을 거쳐, 그마저 지나쳐 저 먼별 저 먼 우주 끝까지 찾아가 '진실과 영원'을 '사랑으로 만지고 싶은 간절한 소망'의 '간곡한 투혼'이 그의 목소리에서 번득이기 시작한 것이다.

판소리 명창 성창순(1934-2017/ 중요 무형문화재 제5호 판소리 심청가 예능보유자)은 가장 좋은 소리에 대해서 이렇게 말한다. '내 목에서 나간 소리가 관객에게 전달되었다가 다시 나에게 돌아와 내 팔이 되고 내 다리가 되어 하늘과 땅을 울리는, 엥기는 소리를 얻는 것, 그것이 득음(得音)의 경지입니다. 그런 경험은 평생 한두 번 할까합니다.'라고 득음의 어려움을 간명하게 말했다. 즉, 득음의 궁극은 득(得) 우주(宇宙)인 셈이다. 득(得) 팔다리인 셈 이다. 우주를 얻고, 소우주인 팔다리를 얻는 것이 득음인 것이다. 물론 내 팔다리 태어날 때부터 이미 갖고 있었지만 득음을 통해서 새롭게 팔다리를 느끼게 되고 깨닫게 되듯이, 우주의 품안에도 내가 이미 속해있었지만, 그런 줄도 모르다 오랜 기다림과 힘겨운 나아감 끝에 어느 한순간 문득 감각하게 되는 것이 득음의 경지라 생각된다. 아무튼 그 소리, 한번이라도 얻게 되면 그것을 또 다시 얻고 싶어 미친다. 결코 소리를 떠나서는 살아갈 수가 없는 신세가 되고 만다. 그래서 국악인들은 국악을 옴이라고 한다. 긁으면 긁을수록 더 가려운 옴처럼 국악은 하면 할수록 더 하고 싶어진다는 국악 중독을 뜻한다.

미국 흑인 인권 운동의 기수이자 작곡가, 가수인 버니스 존슨 리건(Bernice Johnson Reagon)은 대학 시절 미국의 인종차별에 반대해 싸우다가 조지아 주 올버니에서 구속됐는데, 그때 버니스 존슨 리건은 하룻밤 내내 노래를 부르는 동안, 음악을 운동의 도구로 삼을 수 있다는 확신을 얻으며 거듭난다. 버니스 존슨 리건은 그 거듭남을 이야기하며 이런 노래를 소개한 바 있다.

내 손을 보네
새로워 졌네

내 입을 여네
새말을 하네

걸음을 걷네
새 길을 걷네

이렇게 구속된 상태에서 버니스 존슨 리건은 모든 것이 새로워지는 신비한 체험을 한다. 그리고 그 새로운 맛을 자신의 삶 속에 늘 간직하고자 노력해 나가는 인생을 산다. 그 결과 그녀는 이렇게 스스로에게 다짐의 말을 한다. '더 잘 할 수 있어. 의식 있는 시민이라면 자기가 처한 상황에 대해 책임이 있고, 거기에 대해 말할 길을 찾아야 해.' 그리고 이 말을 좌우명 삼아 도전적 자세를 늦추지 않으려고 노력했고, 자신이 처한 상황은 올바르거나 종식돼야 하거나, 둘 중에 하나라고 말한다.

방관자에서 벗어난 버니스 존슨 리건은 또 이렇게 말한다. '흑인 민권운동은 우리 시대 새로운 '탄생'의 투쟁이다. 민권운동은 부자나 군인만 사람이 아니란 것을 일깨워 주었다. 변화해야 한다고 믿고, 변화를 위해 목숨을 던질 준비가 돼있다는 사실만으로 우리는 이미 뭔가를 이뤄 놓은 것이다. 그 잔물결이 퍼져 나가 다른 세대들도 거기서 취할 바가 있게 된 것을 보면 감회를 느낀다.'

버니스 존슨 리건은 노래를 잠깐 멈추고 객석에 귀를 기울이면 사람들이 자그마한 이야기들을 나한테 해주기 시작하고, 자신은 듣게 된다고 말한다. 그렇다. 나는 흑인 민권운동을 우리 시대의 새로운 '탄생'의 투쟁이라고 말한 그녀의 말에 동의한다. 그것은 바로 득음과 같은 득(得)자유(自由)를 향한 첫 발자국 같은 새로움이다. 자유를 달라고 외친 소리는 결코 구걸이 아니라 하늘의 뜻을 수행할 뿐인, 진실한 소리이기에 그리고 인류가 나아가야할 분명한 전진의 방향이기에, 반드시 사람들이 호응하고 하늘과 땅이 감응하게 되는 것이다. 그래서 하늘이 고개 끄덕이고 땅이 무릎을 탁! 치며 옳거니 하고 찬탄의 지지같은 추임새를 보내게 되는 것이다. 그래서 자유를 향한 버니스 존슨 리건의 노래는 '엥기는 소리'가 되어 다시 그녀의 팔다리가 되고, 하늘과 땅을 울린다. 선순환의 빙글빙글 돌고 도는 생명의 원운동이 되는 것이다.

생명의 외침

조용필 노래에 대한 이야기를 음악평론가 임진모와 배철수의 음악캠프에 함께 출연해 나눈 적이 있었다. 임진모는 우리 시대 음악사를 기록해 나가고 있는 네오 뮤직 커뮤니티 '이즘'(IZM)에 자신이 기고한 글 '우리의 명반을 찾아서/ 조용필 1집 1980'에 이렇게 발표한 바 있다.

특기할 사항은 공식 1집으로 기록된 이 앨범이 발표된 때가 1980년 3월, 바로 민주화 열기로 뜨거웠던 '80년 서울의 봄'이었다는 사실이다. 5.17 계엄, 5.18 민주화운동 그리고 신 군부의 출현이라는 정치적 격동기와 앨범이 선풍을 일으킨 시점이 묘하게도 정확히 맞물렸던 것이다.

정치적 상황에 혼란스러웠던 대중들은 가슴을 헤집는 듯한 '창밖의 여자'와 '대전 블루스' 등 그의 노래에 위로를 받은 셈이었다. 조용필 스스로도 '당시 사람들은 한 오백년과 같은 노래를 통해 숨 막히고 두려운 시대상황에 대해 어느 정도 한풀이를 한 것으로 생각한다.'고 술회하고 있다. 그 시대가 조용필의 노래를 불러냈다는 말이다. 방송작가 구자형씨의 해석을 들어본다.

'조용필의 생명은 외침이라고 본다. 팝 가수 로드 스튜어트로부터 그리고 이후 판소리에서 그는 비명이란 영양제를 얻었다. 그만의 섭생을 통해 생성된 트레이드마크인 절규는 결코 음악적인 것으로만 그친 것이 아니었다. 어떤 점에서 억눌린 시대라서 더욱 사람들의 가슴을 파고들었지 않았을까 생각한다. 조용필 아니면 불가능한 한(恨)의 울림이었지만 그것은 동시에 당시 사람들의 숨 막힘과 두려움을 씻어주는 안정제이기도 했다. 다시 말해 전두환 시대가 조용필의 비명을 더 리얼하게 만든 것이다.'

그리고 이 글의 마지막 부분에서 임진모는 이렇게 조용필의 1집 '창밖의 여자'를 규정한다. '가객(歌客)의 진검승부가 빛나는 실로 가왕(歌王)의 기념비적 앨범이다.' 나 또한 진심으로 동의한다.

태양의 생일, 멜라니 사프카

1969년 여름, 우드스탁 페스티벌 현장으로 다시 돌아가 본다. 라비 샹카의 인도음악이 끝나고 한국에도 다녀간 바 있고 '빗속에 촛불을 놓아요' (Lay Down/ Candles In The Rain- 이 시절 미국의 포크 뮤직과 록 뮤직에서의 Rain 즉, 비는 월남 전쟁에서 미군이 베트콩을 향해 쏟아 붓던 포탄을 상징한다.)도 노래한 바 있는 멜라니 사프카(Melanie Safka)가 무대에 등장한다. 멜라니는 밤 10시 50분부터 11시 20분까지 30분간 자신의 무대를 갖게 된다. 한국에서는 2006년 11월 3일과 5일 서울 올림픽 공원 올림픽 홀에서 칼라 보노프, 리타 쿨리지와 함께 내한공연을 가졌었다.

그녀의 노래 '가장 슬픈 일'(Saddest Thing)로 1970년대 한국 팬들에게 많은 사랑을 받았던, 우드스탁 무대에서의 멜라니 사프카는 '태양의 생일'(Birthday Of The Sun)을 노래하는데 정말 죽여준다. 완전 끝장을 보겠다는 것 같았다. 통기타 하나에 의지한 채 말이다. 강력하게 항의하는 '아들을 잃어버린', '딸을 잃어버린' 젊은 어머니 같았다. 그것은 미국 대륙의 통곡의 일부였다. 목소리는 금세라도 환장하다 못해 뒤집어질 듯 그토록 비통하다. 그녀는 마치 구박덩어리 '마음 속 아이의 울음' 같은 목소리로, 사람을 자신의 감정에 감응시켜 돌아버리게 할 것만 같다. 그렇다. 멜라니 사프카의 노래는 이 세상 모든 불통에 대해서 소통을 원하는 비통이다. 전쟁 대신 평화를 원하는 비통이다. 아무리 막아도 '평화의 계절 지구의 봄은 온다!'는 그 비통의 절규적 선언이다. 멜라니는 살면서 가슴 아팠던 그 아픔만큼, 그리고 마음 찢어질 것 같았던 그만큼, 심지어 찢어진 만큼만 노래한다.

나는 태양의 생일을 발견한 사람
그리고 모든 것은 바뀌지

그리고 비의 생일이라고
난 그것을 확신하지

내가 이제까지 알고 있던 모든 것에 대해서
안녕이라고 말하지 않는다면
나는 결코
혼자 될 일도 없겠죠

그러나 난 여전히 울지 않을 겁니다
난 아직 끝나지 않았어요
그러니 너의 눈의 미소를 지워

왜냐하면 만약 내가 교수형에 처해진다면
난 모든 무지개를 그리워할 테니까
그리고 난 빗방울 속에
쳐 박히겠지

이윽고 위대한 영혼의 이야기 '태양의 생일'이 끝나가자 히피들은 환호하며 박수친다. 멜라니 사프카의 무대가 끝나고 30분간 휴식이 있은 후 11시 55분부터 자정 넘어 밤 12시 25분까지 알로 거스리(Alo Guthrie)의 무대가 이어졌다. 알로 거스리는 미국 모던 포크의 아버지 우디 거스리(Woody Guthrie)의 아들이다. 우디 거스리는 미국의 대공황시절 서부에서 동부 뉴욕까지 대륙횡

단 여행을 하며 가난한 사람들의 빈 접시를 발견한다. 먹을 것 없고 꿈이 없는 사람들, 고통 받는 사람들을 위한 노래를 하기 시작한다.

그 대표곡은 '이 땅은 너의 땅'(This Land Is Your Land)이었다. 알로 거스리는 '로스앤젤레스로 들어가면'(Coming Into Los Angeles)을 노래한다. '꿈을 안고/ 런던에서부터/ 비행기를 타고/ 날고 있는/ 우린 더 행복해 질 수 있을까...' 그렇다. 이 노래는 흔히 치킨이라고 불리는 촌사람이 대도시 LA로 입성하면서의 '몇 개의 열쇠를 쥐고'로 상징되는 촌닭의 꿈을 그리고 있다. 그러나 그 꿈은 허황된 꿈, 그런 가운데 스스로도 위험을 감지했는지 '제 가방은 건드리지 마세요.'라고 경계도 한다. 알로 거스리의 이 노래는 집시풍의 컨트리 포크 록 밴드 같았다. 냉소와 유모어가 뒤섞인 현란한 노래였다. 슬픔을 감추기 위해서 무슨 노래인들 못하랴! 마치 그런 신조의 밴드 같았다.

알로 거스리 다음은 누구였을까? 바로 존 바에즈였다. 한때 애플의 스티브 잡스의 연인이기도 했던 존 바에즈였다. 스티브 잡스 자서전에 보면 재미난 얘기가 등장한다. 존 바에즈를 만난 스티브 잡스가 그날 갭 매장에서 존 바에즈에게 너무나 잘 어울릴 것 같은 빨간색 옷을 봤는데 그걸 꼭 입었으면 좋겠다는 권유였다. 대 존 바에즈가 옷이 궁색할리 없으니 처음엔 그런가보다 했다. 하지만 스티브 잡스는 그날 데이트 내내 그 옷을 존 바에즈가 입어야한다고 역설한다. 이쯤 되면 더 이상 사양하는 것도 도리가 아닐 것 같아서 존 바에즈는 내키지 않는 걸음으로 마지못해, 스티브 잡스를 따라 갭 매장엘 간다. 그리고 그 옷을 입어보고 결국 입기로 한다. 그런데 여기서부터 진풍경이다. 막상 그 옷 들고 계산대 앞에 섰을 때 스티브 잡스는 시치미 뚝 떼고 딴청을 피웠고 급기야 존 바에즈가 계산을 한다. 누구나 이 정도 상황이면 스티브 잡스가 존 바에즈에게 옷 한 벌 선물하는 상황일 것이라 당연히 생각할 것이다. 하지만 스티브 잡스는 결국 권유만 했고, 존 바에즈는 별로 내키지도 않은 옷을 자기 돈 내고 사 입는다. 이 사건 이후 둘 사이는 멀어졌다.

자신은 좌파도 우파도 아니고 단지 인권이 무시당하는 곳이면 찾아가 노래한다고 말했던 인권운동가, 반전평화운동가 존 바에즈는 우드스탁 페스티벌 첫날의 마지막 순서를 장식한다. 새벽 12시 55분부터 새벽 2시까지 1시간 5분이 그에게 주어진 무대였다. 은은한 빛깔, 고상한 무늬의 엷은 스카프와 푸른 색 상의의 존 바에즈(Joan Baez)는 '굿 모닝 에브리바디!'라고 인사하며 이날 이 무대에서 '우리 승리하리라'(We Shall Over Come) 등을 노래한다. 역시 '통기타 하나'. 하지만 고통 받는 지구의 아이들을 잡초처럼 품고 있는 '지구 하나', 그 비통한 아이들을 품고 있는 '우주 하나'가 그녀와 함께 노래한다. 멕시코 혈통의 그리고 밥 딜런의 연인이기도 했던 존 바에즈는 28살의 입술로, 목소리로, 가슴으로 우드스탁 무대에서 의연하도도 낭랑했다. 그녀의 노래의 빛이 우드스탁 어둠 속에서 따스한 꽃 강물로 흘러 넘쳐나 갔다.

우드스탁 밤하늘에 빛나는 별들을 바라보면서 수십만 명 객석의 눈동자들을 바라보면서 존 바에즈는 노래했다. 그것은 마치 조용필의 노래 '꿈'의 한 조각 같기만 하다.

머나먼 길을 찾아 여기에
꿈을 찾아 여기에

향음(香音)

베트남 전쟁이 진행 중이던 1969년에 개최된 우드스탁 페스티벌에서의 존 바에즈 의 간절히 평화를 염원하는 목소리는 마치 조용필의 '꿈'의 마지막 부분에 나타나는 가사 '고향의 향기 들으면서'의 그 향기로운 소리, 향긋한 목소리 같다. 그렇다. 한국문화재단 홈페이지에 게재된 '전통성악 득음을 만나다'의 공연 안내 기사를 보면 이런 향기로운 소리 향음(香音)이야기가 나온다.

오늘날 불가의 성악을 범패라고 하는데 범패는 말 그대로 인도 바라문(바라문, 브라만)의 소리이지만 궁극적으로는 부처의 소리(音)를 의미한다. 부처의 소리에는 8가지(八音)가 있다고 한다. 그 팔음은 듣는 이로 하여금 지혜를 얻게 하거나(尊慧音, 존혜음), 계율에 들게 하거나(柔軟音, 유연음), 바른 견해를 얻게 하는 음(不誤音, 불오음)부터 거침없이 힘차게 끊어짐 없이 이어 나오는 음(不竭音, 불갈음) 등 8가지를 지칭한다. 불가의 득음은 곧 부처의 팔음을 얻는 것이다. 하지만 그 음에 도달하기가 얼마나 힘든지 13살에 삭발하고 짓소리(어산소리라고도 하며 불교의 의식음악. 중요무형문화재 50호)를 배우기 시작한 벽응스님은 '목이 아프고 온 몸에 힘이 빠지는 고통'이라고 회술 하기도 했다.

불가의 음은 곧 묘음(妙音)이다. 묘음은 산스크리트어로 '우물우물대는 듯한 기묘한 소리'(가드가다 스바라)인데, 백 천 가지 풍악이 치지도 않았는데 저절로 울리는 신비한 소리를 뜻한다. 범패는 이러한 불가의 음(音) 사상을 고스란히 반영하고 있다. 오랜 세월 인고의 결과물인 범패는 비(卑), 후(喉), 설(舌)음을 고루 사용하여 내면서도, 세속과 만나면서 다양한 시김새가 섞이기도 했다. 불가의 득음 역시 만민을 구제하고 세상을 편안케 하는 소리 발현에 그 궁극이 있다.

위 글의 말미에는 득음을 통한, 그러니까 노래하는 사람만이 아니라 듣는 귀 명창들의 득음을 통한 휴식, 힐링을 권유하며 명인 구해 스님의 '향기롭고 그윽한 향음(香音)'이란 말도 나온다. 조용필의 노래 '꿈'에서의 마지막 후렴 부분 '고향의 향기 들으면서' 역시, 아직 만나보지 못했기에 어떻게 생겼는지 잘 알지는 못하지만, 얼마든지 상상할 수 있고, 느낄 수 있고, 짐작할 수 있는 진정한 평화를 꿈꾸고 몹시 그리워하는 애타는 마음의 여유로운 표현이다. 몸은 여기에 마음은 이미 거기에 가고 있다. 그것이 바로 조용필의 '꿈'에서의 고향의 소리, 향음(鄕音)이요 향음(香音)인 것이다.

저기 저 별은 나의 마음 알까
나의 꿈을 알까

슬퍼질 땐 차라리 나 홀로 눈을 감고 싶어

고향의 향기 들으면서
고향의 향기 들으면서

베트남 전쟁의 한복판에서 죽어가던 수많은 전사자들이 꿈꾸던 곳이 바로 고향이었고 그 고향의 향기였다. 그 향음을 노래한 것이 바로 미국의 모던포크, 오래된 블루스 뮤직, 미국의 록 뮤직 등이었다. 물론 세계음악사 속에서 한국의 빛으로 빛나는, 참 위대한 우리 대한민국 조용필 등 세계의 수많은 나라의 뜻있는 음악인들 또한 그랬었다. 그래서 베트남 전쟁을 끝낸 것은 정치가들의 결단이 아니라 미국의 음악인들, 그들의 노래 그리고, 평화를 염원하는 숱한 사람들의 기도와 행진과 마음이었다고 미국의 음악평론가들은 단언한다.

수년전 수락산엘 갔었다. 가서 어느 비구니 절의 법고와 범종을 지켜보다가 저녁 어둠이 서리기 시작하는 것 같아서 하산하는 길이었다. 누군가 등 뒤에서 범종을 치는 것 같았다. 온 산자락에 노을빛 저녁하늘로 그 종소리가 향음(鄕音)처럼 향음(香音)처럼 번져가고 있었다. 그 순간 참 묘한 법열(法悅)을 얻을 수 있었다. 온 몸에 소름이 끼쳐왔다. 물론 기분 아늑한 전율이었다. 나도 모르게 종소리가 들려오는 절 쪽을 향해 돌아설 수밖에 없었다. 종소리는 참으로 은은하고 깊게 파동 쳐 왔다. 그 순간 절 앞에, 내 눈 앞에 오래된 나무들이 마치 목불처럼 보이기 시작했다. 그뿐만이 아니었다. 수락산의 모든 나무들이 일제히 관세음보살의 현신처럼 보이기 시작했다. 그 감응과 감동은 더 지속됐다. 나는 두 눈을 감고 합장한 채 무어라 가슴 속이 뜨거워지고 따스해짐을 느낄 수 있었다. 진정 감사했다. 진정 평화로웠다. 진정 행복했다. 나 혼자 그런 게 아니라 수락산의 모든 나무들과 함께 그랬다. 아니 그 수많은 나무들이 모조리 목불이 되어, 관세음보살이 되어 내 눈앞에 현신해 있는데, 화엄의 세계 그 한복판에 서 있는데 어찌 덩실거리는 가슴이 아닐 수 있으리오. 그뿐만이 아니었다. 산을 다 내려와 지하철을 탔는데 이번엔 지하철 안에 모든 승객들이 다 부처님으로 보이기 시작했다. 그러나 안타까운 것은 그분들이 자신이 부처인 줄 모르는 것 같아서였다. 그게 참 몹시 한스럽기만 했던 많이 아프고, 크게 아름다웠던 기억이 있다.

그토록 광휘에 휩싸인 황홀의 노래, 그 저녁 종소리 덕분이었다. 그 향음 덕분이었다. 그 소리가 있었기에 그 묘음, 그 팔음이 있었기에 내가 문득 향음의 득체험(得體驗), 귀 명창, 가슴명창, 온몸명창의 득음을 했던 것이다. 오래오래 두고두고 감사가 넘치는 체험이었다. 그야말로 진정한 꿈을 그 종소리가 노래했다.

1969년 우드스탁 페스티벌에서의 노래들도 그렇게 진정한 인간의 꿈, 인류의 꿈, 지구의 꿈, 우주의 꿈인 사랑과 평화, 정의와 자유를 노래했기에 우드스탁 페스티벌은 로큰롤의 전설이자 20세기의 음악신화로 역사적인 자리매김을 할 수 있었다. 물론 그 꿈은 당연한 미 대륙의 오래된 꿈이었다.

지미 헨드릭스

1776년 7월 4일 발표된 미국의 독립선언서는 토마스 제퍼슨(1743-1826, 미국 제3대 대통령)이 주필이 되어 작성됐는데 그 내용이 참 통쾌하다. 즉, '인간은 나면서부터 자유와 평등이다. 인간은 생명과 자유 그리고 행복의 추구에 대한 양도할 수 없는 권리를 창조주로부터 부여 받았다. 정치는 피통치자의 동의에 의하지 않으면 안 된다. 이런 목적을 파괴하는 정부에 대해서 인민은 언제든지 정부를 개혁하거나 폐지하며, 인민의 안전과 행복을 위해 새로운 정부를 조직하는 것은 인민의 권리이자 의무이다.' 그런 가운데 독립선언서는 또 이런 염려와 인내를 첨부했다. '오랜 역사의 정부를 천박하고 일시적인 이유로 변경해서는 안 된다. 또한 인간은 악폐를 참을 수 있는데 까지는 참는 경향이 있다는 것을 가르쳐 줄 것이다.'라는 문안도 들어있다.

이 독립선언에 앞서 선행된 1776년 6월 12일에 개최된 버지니아 대표자회의에서 통과된 인권선언도 참 좋다. 버지니아 선언에서는 '재산을 획득 소유하며, 행복과 안전을 추구 획득하는 방법을 갖추어 생명과 자유를 향락한다.'라고 기재되어있다. (미국문학사/ R. E. 스필러 지음, 양병탁 역/ 서문문고 029)

이처럼 미국의 독립선언서와 인권선언문에는 미국의, 미국인의 꿈이 오롯이 그리고 진취적으로 담겨있다. 그러나 그 꿈은 얼룩진다. 전쟁과 착취, 차별 등의 고통으로 말이다. 그래서 우드스탁에서 한여름 밤의 꿈같은 3일간의 음악과 평화를 위한 축제가 개최됐다. 그 우드스탁 페스티벌의 맨 마지막 출연자는 기타의 신이라고 까지 추앙받는 지미 헨드릭스(1942-1970, Jimmy Hendrix)였다.

우드스탁의 마지막 날, 8월 17일의 무대 순서는 오후 2시부터 조 카커(1944-2014)와 더 그리스 밴드(Joe Cocker & The Grease Band)로 막을 열었고, 'I'd love to change the world'의 텐 이어즈 애프터(Ten Years After), 'The Last Waltz'의 더 밴드(The Band), 'Help Me'의 자니 윈터(Johnny Winter/ 1944-

2014)), 'You've Made Me So Very Happy'의 블러드 스웻 앤 티어즈(Blood, Sweat & tears), 'Helpless'의 크로스비 스틸즈 내쉬 앤 영(Crosby Stills Nash & Young) 등의 순서를 거쳐 마침내 그 이튿날 8월 18일 오전 9시부터 11시까지 2시간 동안의 지미 헨드릭스 무대가 펼쳐졌다. 이때는 우드스탁 페스티벌의 끝물이어서 어느 정도 인파가 빠져나갔지만 그래도 20만 명의 관객이 호응했다.

포연이 자욱한 가운데 길을 찾는 자들처럼 그렇게 시작된 퍼플 헤이즈(Purple Haze) 등을 지미 헨드릭스는 연주한다. 사람들이 어느 정도 빠져나간 우드스탁 들판에는 쓰레기들이 흩날린다. 그런 가운데 누군가는 수박을 파먹는다. 누군가는 나무 지팡이를 짚고 절뚝거리며 축제를 뒤로하는 중이다. 누군가는 쓰레기들을 소각하느라 나뭇가지로 비닐봉투 따위를 한곳에 모은다. 성한 오렌지들이 뒹굴었고 쓰레기 더미에서 불길이 솟았다. 매캐하고 자욱한 연기가 번진다. 배낭을 메고 금발의 연인과 축제현장을 벗어나던 한 젊은, 축제의 참가자는 맨발로 걷다 말고 아무래도 안 되겠다 싶었던지, 버려진 주인 잃은 운동화 한 켤레를 집어 들고 자신의 발에 꿴다. 작았다 싶었는지 휙 하고 내 던진다. 그러자 역시 맨발이었던 금발의 아가씨가 그 운동화가 마음에 들었는지 얼른 집어 든다. 그 풍경 속에서 지미 헨드릭스는 연주를 이어 나간다.

드디어 미국 국가 '성조가'(The Spangled Banner)는 지미 헨드릭스 손에서 울부짖기 시작한다. 날카로운 굉음이었다. 그리고 장엄한 아메리카 대륙의 일어섬이 시작됐다. 그것은 눈물과 바람의 범벅, 록과 블루스의 결합, 보이는 삶과 보이지 않는 영원의 세계가 함께 붙잡고 울기 시작한다. 그 꿰뚫음을 지미 헨드릭스의 기타가 해낸다. 이윽고 지미 헨드릭스의 기타에서 베트남 전쟁의 포성과 죽어가는 사람들의 아우성이, 그 비명이 절규가 더욱 찢어질 듯 아팠다.

붉은 머리띠를 두른 지미 헨드릭스의 마음도 함께 갈기갈기 나부꼈고, 그것은 대륙의 모든 비극의 집약이었다. 지미 헨드릭스는 옷 술이 많이 달린 인디언 스타일 상의를 입고 있었다. 그렇다. 백인들이 나타나서 인디언들에게 땅을 팔라고 했을 때 인디언들은 그 소유의 개념을 알지 못했기에, 무슨 소린가 영문을 몰랐다. 그 결과 그들은 고향을 잃고, 고유의 문화를 잃고, 노래를 잃고, 춤을 잃어버렸다. 아프리카계 미국인의 혈통이었으며 할머니가 체로키 인디언 계였고 할아버지가 아일랜드 계였던 지미 헨드릭스의 하얀 의상과 하얀 기타 위로 그의 손이 닿을 때 마다 붉은 꽃이 피어났고, 붉은 피가 흘렀고, 튀어 올랐다.

우드스탁 페스티벌이 끝난 후 지미 헨드릭스가 TV 방송에 출연했을 때, 그는 잠옷을 입고 등장한다. 사회자가 공수특전단(지미 헨드릭스는 공수특전단 출신이었다.)에서도 그런 옷을 입느냐고 묻자 지미 헨드릭스는 그렇지 않다고 답한다. 사회자는 다시 우드스탁 페스티벌에서 '별이 빛나는 깃발'을 일렉트릭 기타로 연주한데 대해서 많은 사람들이 우려를 나타냈는데 어떻게 생각하냐고 묻자 지미 헨드릭스는 서슴지 않고 답한다. 내가 연주한 '별이 빛나는 깃발'과 뉴욕 필이 연주하는 '별이 빛나는 깃발'은 둘 다 똑 같다고 답한다. 그러자 사회자는 무엇이 왜 똑 같은지를 물었다. 그때 지미 헨드릭스의 답이 아주 간단명료했다. '둘 다 아름답다.'

그렇다. 조용필의 대단한 노래 '꿈'을 이야기하기 위해 나는 우드스탁의 마음을, 그 꿈의 노래를 이야기했다. 그렇다면 조용필이 1991년에 발표한 13집 앨범 'The Dreams'의 수록 곡 '꿈' 이후 12년만인 2003년에 발표한 조용필 18집 앨범 'Over The Rainbow'에서의 '태양의 눈'에 등장하는 조용필의 또 하나의 꿈도 찾아보기로 하자.

답답한 내 가슴에 간절한 소망
구름에 가리워진 희미한 꿈이

잊혀진 시간 속에 초라한 모습
소중한 나의 꿈은 어디로 갔나

어둠 속을 다시 비추며 다가오는 그대여

거센 바람 다시 불어도 말이 없는 그대여

그 옛날 내가 보았던
우리 무지개 찾아 떠나리

언제나 힘이 들어도
머나먼 그 곳에

그렇다. 태양의 눈에 등장하는 꿈은 여전히 초라하고, 희미하다. 하지만 꿈을 찾고, 이루고자 하는 마음, 그 결기 또한 여전하다.

가리라 나는 가리라 그대 서 있는 저기 저편에
언제나 힘이 들어도 머나먼 그 곳에

가슴 시린 모습을 지켜보는 빛이여
태양의 눈이 되어 지켜줄 순 없는가

이렇게 구원의 눈빛, 태양 같은 강력한 빛을, 결정적인 도움을 꿈꾸고 있는 것이다.

Bounce

2013년 조용필 19집 앨범 'Hello'에서도 여전히 꿈의 편린들은 반짝인다. 그 중에 하나, 타이틀 곡 'Bounce'(Marty Dodson, Alexander Holmgren, Carl Utbult 작곡, 최우미 작사)에 이런 말들이 나온다.

어쩌면 우린 벌써 알고 있어
그토록 찾아 헤맨 사랑의 꿈
외롭게만 하는 걸

You Make Me Bounce
You Make Me Bounce

나는 이 노래가 처음 나왔을 때 약간의 오해가 있었다. 나는 여전히 조용필에게 묵직한 발라드 즉, 베토벤 적인 아픔과 비애를 원했다. 그래서 한동안 삐지기도 했었지만 'Bounce'는 들을수록 가벼운 노래가 아니라 들을수록 밝고 따뜻한 모차르트 적인 활기와 생기의 노래였다. 어쩌면 조용필은 이제 세상에 부족한 사랑과 평화를 찾아 헤매기 보다는 스스로 그 사랑이라는 별, 평화라는 별, 보다! 더! 진정! 완벽한 서울의 봄, 한국의 봄, 아시아의 봄, 세계의 봄이라는 별을 'Made In Cho Yong Phil'하기로 했지 싶다.

그래서 '바운스' '헬로' '걷고 싶다' '충전이 필요해' '서툰 바람' '말해볼까' '널 만나면' '어느 날 귀로에서' '설렘' '그리운 것은' 등 10개의 별로 이뤄진 'Hello'라는 별자리는, 조용필의 미소와 윙크가 어우러지고 서려있는, 그의 우리들에 대한, 이 시대에 대한 새로운 그리고 솔직한 권유와 짜릿한 고백, 너와 걷고 싶은 소망의 이야기 그리고 위로, 동심, 5월, 빛과 어둠의 넘나들기, 걱정의 분리수거, 휘날리는 추억들, 누구의 잘못도 아닌 사랑(양재선 작사, '말해볼까' 중에서), 봄을 부르는 파랑새(김선진 작사, 널 만나면 중에서), 15살의 약속, 콧노래 불러 사랑의 세레나데(최은, 이종희 작사, '설렘' 중에서), 내가 꿈꾸는 대로 될거야(최우미 작사, '그리운 것은' 중에서) 등인 것이다.

조용필 Best of Best 5 리뷰의 마무리로 19집 '헬로' 앨범 중에서 '걷고 싶다'(김이나 작사, MGR 작곡)의 가사 일부를 소개한다.

이런 날이 있지
물 흐르듯 살다가

행복이 살에 닿은 듯이
선명한 밤

내 곁에 있구나
네가 나의 빛이구나

멀리도 와주었다
나의 사랑아

그렇다. 나는 이 노래 '걷고 싶다'를 언젠가 잠실 올림픽 주경기장에서 5만 명 조용필 팬들과 함께 대규모 합창으로 가왕 조용필에게 불러 드리고 싶다. 그래서 그에게 또 이렇게 말하고 싶은 마음을 대신 전하고 싶다.

내 곁에 있구나
조용필 그대 나의 빛이구나

멀리도 와주었다
나의 가왕(歌王)아

조용필은
가사에 의존하지 않고
소리로 자유의 끝까지 가본
음악 탐험가

그는 지금도
보다 더 자유를 향해
나아간다

자유는 무한이기 때문이다

그래서 조용필은
현재진행형,
인간의 자유의 확장을 위해
태어난 아티스트이다

#3. 구자형이 뽑은 조용필 Top 50 (가나다 순)

간양록
걷고 싶다
고추잠자리
그 겨울의 찻집
그대 발길 머무는 곳에
꿈
꿈의 아리랑

나는 너 좋아
난 아니야
내 이름은 구름이여
너무 짧아요
눈물의 파티
님이여

단발머리
대전 블루스
돌아오지 않는 강
돌아와요 부산항에
들꽃

모나리자
못 찾겠다 꾀꼬리
미워 미워 미워
미지의 세계

바람의 노래
바람이 전하는 말
Bounce
보고 싶은 여인아
비련

사랑은 아직도 끝나지 않았네
상처
생각이 나네
생명
서울 서울 서울
슬픈 베아트리체

아시아의 불꽃
여행을 떠나요
이젠 그랬으면 좋겠네
일성(一聲)
일편단심 민들레야
잊기로 했네

자존심
정
진(珍)

창밖의 여자
축복(촛불)
친구여

킬리만자로의 표범
Q

한오백년
허공
Hello

#4. 리뷰, 조용필 1집
- 창밖의 여자

1. 창밖의 여자

눈물이 핑 돈다. 이것은 진선미의 진실에 속한다. 그것도 살 떨리는 그리고 점차 고조되면 심장이 흔들리기 시작한다.

2. 돌아와요 부산항에

아, 올게 왔구나. 그런 생각 절로 난다. 우리들을 단숨에 꽃피는 동백섬으로 이끄는 그 목소리의 마력이여. 그 거친 쇳소리의 통렬함이여. 조용필은 이미 악기가 아니라 악기까지 모조리 소리에 쏟아 부어넣는 모험을 감행한다. 그리고 더 이상 물러 설 곳 없는, 오갈 데 없는 자들의 대 반격이다.

3. 단발머리

고인이 된 싱어 송 라이터 하수영, '찬비'와 '아내에게 바치는 노래'의 그 하수영이 콘서트를 하는데 어느 자그마한 여중생이 꽃다발을 주며 덩치 우람하고 듬직한 피아노 앞 하수영에게 외마디 소리를 질렀다. '아유, 귀여워!' 그 순간 이 노래 단발머리의 가사가 씨앗처럼 국민 작사가 박건호에게 날아들었고, 조용필의 단발머리로 꽃 피어난다.

4. 잊혀진 사랑

탄식 같은 전주와 꿈틀대는 인트로, 저음부 그리고 조용필은 약간의 콧소리 섞인 애절함이 일품이다. '가지 말라고 가지 말라고, 잊을 수는 없다 했는데, 지금의 내 마음은 차라리 모든 것을 잊고 싶어요...'

5. 한 오백년

한없이 솟구쳤다 한없이 낙하한다. 절망이 북극성에 닿더니 해당화로 피어난다. 이것은 소리를 초월한다. 조용필은 소리에서 조차도 해방이다. 스스로를 구원해 낸다. 득도이고, 해탈이고 또 다시 망설임이다. 그리고 또 다시 고뇌의 시작이다. 막아서는 높은 산 만나면 맞서지 않고, 슬그머니 감돌아 가는, 굽이치는 이 땅의 모든 강물들처럼 인생이 다 그렇다. 돌고 돌아 정말 돌겠다. 하지만 그 리듬 타면 행복하리라. 그 그리움 타면 외로움이리라.

6. 돌아오지 않는 강

이 노랠 들으면 왠지 노래 부르고 싶어진다. 적당히 취해 노래방에서 한 곡조 뽑고 싶어진다. '겨울나무 사이로 당신은 가고...' 이 땅의 숱한 청춘들의 첫 사랑을 떠 올리게 하는, 첫 이별의 기념비다.

7. 사랑은 아직도 끝나지 않았네

이 노래 때문에 위안을 많이 받았었다. 아마도 그녀가 떠난 지 채 1년도 안됐을 때였던 것 같다. 연락은 안 되고, 속은 타고, 하소연 할 데는 없고, 백지 위에 편지를 써서 쓸모없는 편지를 그녀에게 보내곤 했었다. 그때 이 노래가 구원이었다. 엷은 희망, 실낱 같은 긍정을 내게 주었던 따뜻한 짐승 같은 노래였다.

8. 정

'정이란 무엇일까 주는 걸까 받는 걸까...' 이런 퀴즈처럼 이 노래는 시작된다. 처연하다 못해 차츰, 마침내 처절하다. 흐느끼는 조용필의 노래를 들을 수 있다. 그럼 됐지, 뭐가 더 필요한가?

9. 대전 블루스

맘 잡고 조신하게 돌아가는 귀가 길에 이 노래 들리면 '아, 어쩌지, 이거 한잔해야하는 거 아닌가?' 그런 생각 불현 듯 스며드는 조용필의 참된 블루스다.

10. 너무 짧아요

나는 예쁜 로큰롤로 이 노랠 듣는다. 내가 더 늙으면 아마도 이 노랠 끼고 살지도 모르겠다. 여기엔 청춘의 조바심과 설렘과 흥분과 도취가 있다. 아, 얼마나 많은 이들이 사랑 때문에 흥망성쇠를 겪어야 하는지…

11. 슬픈 미소

함정 같은 노래다, 늪 같은 노래다. 블랙 홀 같은 노래다. 그래도 거기 어떤 사랑의 향기 때문에 가까이 하고 싶다. 자칫 빨려들어 형체조차 없어질지도 모르는데도 말이다. 사랑은 무섭다. '여울지는 꿈속에서, 그 미소를 찾아 헤맸지…'

#5. 조용필의 말

은퇴

"언제 은퇴할진 모르겠지만 은퇴를 하면 나의 히트곡들을 갖고 뮤지컬을 하고 싶다. 노래를 그만둔다는 게 음악을 그만두는 것은 아니기 때문이다. 꼭 하고 싶다.

"목소리가 지금은 괜찮지만 언젠가 변하게 되면 음정을 낮춰 부르는 것보다 은퇴가 낫지 않겠나. 스스로 꺼림칙하고 나 자신에게 실망하면서까지 노래할 필요가 있을까?"

목표

"남이 어떻게 보든, 나는 그간 항상 내 일에 최선을 다해왔어. 올해 이런 일을 했으면, 내년에는 어떤 일을 해야지 하는 계획을 언제나 머릿속에 그리고 있었지. 목표를 잃어버리면 안 돼. 내가 지금 하고 있는 일, 앞으로 해야 될 일을 언제나 최우선으로 생각해야지. 아직도 남아 있는 내 일들이 있을 거야. 그것들을 서두르지 않고 차근차근 해나가는 게 변함없는 내 인생의 길이지."

건강

"사람들이 알아보니까 집 근처 산을 새벽 등산을 해. 일주일에 2~3회 정도하고 콘서트를 앞두면 좀 강하게 개인 트레이너를 불러 웨이트 트레이닝을 하지."

1964년에 데뷔한 롤링 스톤스도 콘서트를 앞두면 늘 운동부터 시작한다. 다리가 무너지면 다 무너지는 거니까. 무대 위에서 몇 시간씩 라이브로 노래하고 뛸 수 있어야하니까.

음악 듣기

"주로 AFKN을 듣지. 미국 음악은 개성들이 전부 강하니까. 유명 무명을 떠나 모두 자신들의 리듬을 갖고 있지. 공부도 자극도 되니까. 그밖에 해외여행 가면 음반가게엘 들러 수 십장씩 음반을 구입해 듣지. 뮤지컬도 많이 보고... 일 년에 한번은 해외에 공연 스텝들과 함께 뮤지컬을 보곤 하지. 길면 두 달씩 머물 때도 있고, 뿌리를 뽑아야 직성이 풀리니까.. 하하.. 그리고 이따금 최신 헤비메탈 사운드의 음반들, 록 밴드 음악들, 힙합 까지도 다 듣지."

외로움

영국에선 900만명이 외로움에 시달리고 이는 하루에 15개피의 담배를 피우는 만큼 건강에 해롭다 해서 2018년 1월 16일 테레사 메이 총리는 트레이시 크라우치 체육 및 시민사회 차관을 '외로움 문제 해결 위원회' 장관으로 임명한 바 있다. 가왕 조용필의 외로움은 어떨까?

"남들이 보기에 혼자 살고, 나이도 먹어가니까 외롭겠다, 할지도 모르지만 별로 그렇지 않아. 언제나 내 일이 있기 때문이지. 그리고 난 그런 걸 티내는 성격도 아니라서. 난 사적인 일은 혼자 스스로 해결해 나가는 사람이라구."

하긴 한국인이 가장 좋아하는 외국시인 라이너 마리아 릴케가 그랬다. "모두가 외롭다는 건 누구나 알고 있는 비밀이다."라고 말이다.

조용필 그는 힘들고 외로울 때면 돌아가신 부모님과 부인이 함께 잠들어 있는 경기도 화성의 선산을 향해 자신의 벤츠 스포츠 카를 몰고 새벽에 달려간다. 그의 부인이 갑자기 세상을 떠났을 때 조용필 스스로 그 비통함을 이렇게 말했었다. "나는 그 말을 듣고 그냥 앞으로 고꾸라졌다." 그리고 차마 더 이상 말을 잇지 못했다.

콘서트

"매년 사람을 새롭게 만난다는 의미가 있어요. 새로운 사람들에게 좀 더 새롭게 보이고 싶죠. 그래서 연출이나 무대의 감각적인 레퍼토리 배열이라든가 영상이라든가 조명, 세팅 등을 업그레이드해야 하거든요. 사실 이게 어려운 부분이에요. 오래간만이라면 여러 가지를 보여줄 수 있는데 그동안 수백, 수천 번 보여줬던 거라…."

"그리고 자주 보는 팬들 중에서는 전국을 따라다니는 팬도 있고, 예전에 예술의 전당에서 14일간 하는데 매일 본 팬들도 있어요. 뭔가 달라지지 않으면 그런 분들께 미안하죠."

득음과 한 오백년

조용필은 득음을 위해 소리연습을 하면서 목에서 피를 토했다는 말들이 있어왔다.

"그런 후문은 많은데 그건 아니고요. 좌우간 외국음악만 듣다 보니 민요는 들을 기회나 관심도 없었는데 '한오백년'을 듣고 정말 좋은 노래다 싶었어요. 그래서 레코드점에 가서 '한오백년'의 음반을 전부 구입했는데 9가지 종류가 있더라고요. 거기서 뭔가 좀 찾아보자고 해서 다 들어봤죠. 국악이니까 국악기의 선율에 맞게끔 멜로디가 돼 있잖아요. 노래곡조에 양악을 얹으니 안돼요. 완전히 다른 곡이 되더라고요. 그래서 그걸 어떻게 조화롭게 해볼까 고민 고민한 끝에 제가 부른 '한오백년'이 나온 거예요. 그 전에 제 목소리 자체가 너무 맑은 미성이라 외국 록을 하기가 안 좋았어요. 그래서 목소리를 한번 갈아보자는 생각을 했죠. 판소리를 들으면 완전히 허스키하니까. 어떻게 하면 저렇게 할까 싶어서 나름대로 방법을 찾다보니 조금 변했어요. 그렇게 변한 목소리로 나왔는데, 이번엔 목소리가 갔다는 거예요. 그렇지만 나 자신은 그게 아니었기 때문에 그대로 나간 거죠."

조용필은 70년대 말 도시에 거처할 때도 집에서 소리를 지르면 이웃집이 시끄러까봐 한 여름에도 두툼한 겨울이불을 둘러쓰고 노래 연습을 했었다.

조용필의 콘서트 음악관

"음악이란 건 추억이거든요. 예를 들어 80년도에 부른 노래를 지금 부르면 듣는 이들은 이 노래를 언제 들었느냐에 따라 각자 자신이 가진 추억을 떠올리죠. 85년일 수도, 87년일 수도, 아니면 90년이 넘어서일 수도 있죠. 음악은 역사죠. 그래서 음악을 통해 그 시대를 생각하는 거죠. 내가 '단발머리'를 부르면 관객들은 이 노래를 들었던 그 나이로 여행을 떠나죠. 그래서 '메시지'보다는 '공감'이 어울려요. 콘서트는 공감대를 형성하는 것이 가장 중요하다고 봐요."

해외공연

"이제는 외국 나가는 것이 싫다. 조용필의 생명은 한국의 민중 속에만 있다는 것을 절실하게 느낀다."

담배

하루 3~5갑을 피우는 조용필은 그야말로 손에서 담배가 떠나지 않은 '체인 스모커'였었다. 심지어 자는 시간과 노래를 부르는 시간 외에는 담배를 피운다고도 했다. 그런 조용필이 지난

2005년 담배를 끊었다.

"좀 더 노래를 잘하고 오래하기 위해서 담배를 끊었다. 덕분에 몸도 좋아지고 목소리도 좋아졌다. 팬들에게 좀 더 좋은 음악을 선사하기 위해 금연했다."

국민가수, 가왕

"그거 좋아하지 않아요. 전 조용필, 그대로가 좋아요. 기자들한테도 그래요. 왜 자꾸 붙이냐고. 그럼 기자들은 '붙여야지요'라고 말해요. 전 '국민가수'라는 말도 무척 싫어해요. 그런데 우리에게 그런 게 너무 많아요. 과잉된 수식어와 설명들요. 국민가수, 국민여동생, 국민오빠…. 너무 유치하다고 봐요. 외국엔 그런 말 없잖아요. 그냥 붙이면 슈퍼스타, 이거 하나밖에 없는데…."

대중

창덕궁에 가면 작은 연못 앞에 왕만 출입할 수 있는 일주문 형태의 용무늬 새겨진 어수문(魚水門)이 있다. 조선시대 왕들이 그 어수문을 보면서 왕은 물고기요, 신하와 백성은 물이란 생각을 절대 잊지 말라는 죽비 같은, 채찍 같은 문이었다. 이제 자유 민주주의 시대에 조용필의 백성이 아닌 대중에 대한 생각을 들어보자.

"대중을 상대로 하는 사람들은 대중을 벗어나면 그 인생은 끝난다고 생각해요. 저 같은 경우는 대중을 상대하는 사람이기 때문에 여기를 떠나면 잊혀지는 거죠. 또 어떤 진정한 팬들은 배신감을 느낄 수 있는 거고.. 그렇지만 저는 결코 여길, 대중을 못 떠나요. 떠날 수가 없단 말이 예요. 농담 삼아 난 언제 은퇴하게 될까 해도 그 얘기가 배신감이 느껴진다는 소릴 들었어요. 항상 대중 곁에 있어 주는 것이 될 수만 있다면 저의 희망이자 꿈입니다."

노래

"노래라는 것은 그 노래에 충실할 때, 가장 그 노래의 매력이라든지 맛이 있다고 생각하거든요. 무대에서도 그 노래에 충실하면 관객들도 만족하게 되죠."

하고 싶은 공연

"아프리카 공연을 시도했는데 그 나라와 조율이 잘 안 돼 무산됐다. 하지만 앞으로도 아프리카가 고통 받는 질병이라든가 이런 것들을 위해 공연하고 싶다. 그리고 북한 공연도 꼭 다시 한 번 갖고 싶다."

인기

"인기라는 것이 어떻게 보면은 화려한 것 같지만은, 가지고 있던 사람이 만약 인기가 없다고 한다면 정말 그건 상상할 수가 없어요."

조용필은 위의 인기에 대한 이야기를 하기 전에 일본에서 활동할 때 같은 소속사의 어느 여가수가 인기가 사그라들면서 결국 자살한 이야기를 했다.

최고의 가수

조용필을 음악의 세계로 이끈 것은 벤처스의 트위스트 리듬과 기타 사운드, 비틀즈의 자유분방함과 늘 새로운 시대를 노래했던 첨단의 음악성 그리고 레이 찰스의 'I can't stop loving you'라는 짙은 소울 뮤직의 호소력이었다. 바로 그 레이 찰스가 이런 말 했다. "자신의 길을 발견한 음악가는 더 이상 경쟁하지 않는다." 높은 경지에 이른 뮤지션만이 할 수 있는 이야기다, 조용필도 그런

맥락에서 음악을, 노래를 이야기한다.

"노래라는 게 최고가 없어. 사람 하나하나의 목소리가 다 다르듯이 모두 개성, 스타일이 있는 거잖아. 표현하는 방식도 제각각 차이가 있고. 그런데 노래를 잘한다, 못한다라고 단정적으로 어떻게 말하겠어. 노래와 음악에는 1, 2등이 없어. 그저 대중의 문화적 선택이 있을 뿐이지"

"노래가 히트하는 데는 세 가지 요소가 있어야 돼. 그건 곡의 완성도가 가장 중요하지만, 운이 따라야 하고, 시기도 잘 타야 해."

"나에게 이따금 조용필이 최고가 된 이유를 묻곤 해. 글쎄 내가 최고인가? 난 나에 대해 항상 긍정적이지 못해. 언제나 불만이 가득하지. 요즘 나의 기준은 세계적인 작품들이야. 나라는 사람의 한계를 극복하기 위해 자꾸 노력하고 있는데, 그게 나를 단련시키고 있는 것 같아."

이처럼 조용필은 한결같이 겸허하다. 스타로서의 우월감을 누리기 위해서, 대중들의 인기를 거느리기 위해서 같은 자만과 교만이 일체 없다. 오직 음악의 순수한 기쁨의 길, 하지만 그것을 이루기 위해선 가시밭길도 마다하지 않아야 함을 그는 이미 체득하고 있기 때문이다.

정치

터키의 노벨문학상 수상작가인 소설가 오르한 파묵은 정치란 영화관에서 영화 한창 잘 보고 있는데 난데없이 들려오는 총소리라고 말한 적이 있다. 조용필이 보는 정치는 어떤 것일까?

"글쎄, 난 음악밖에 모른다. 자나 깨나 노래 부를 것만 생각한다. 그런데 우리나라 정치인들은 정치 이외의 것들을 너무 많이 생각하는 것 같다."

아쉬움

"왜 없겠어? 하지만 대중과의 접점을 찾기 위해 노력하니까 이 나이에 이런 스타디움 순회공연도 할 수 있는 거잖아. 그리고 내가 그 동안 참느라고 못 했던 음악을 이젠 마음껏 할 수 있지. 이제는 히트에 연연하지 않아. 무대인으로 자리가 잡혔기 때문에 그렇다고 할까?"

"공연을 천착하면서 처음에는 어려움도 많았지. 1993년부터 전국 투어를 시작했는데, TV에 안 나가고 지방에서 공연을 하니까 객석이 다 차지 않더라구. 음반 판매량도 좀 떨어지고, 그래도 나는 콘서트만이 내가 갈 길이라고 생각했어. 1997년에 완전히 방송출연을 중단한 뒤에는 정말 무대인으로 살기 위해 노력했지."

조용필은 알고 있었다. 달면 삼키고 쓰면 뱉는 대중의 변덕과 지금의 1등이 내일의 꼴찌가 될 수도 있다는 급속한 인기의 몰락과 시대 변화의 그 야속한 속성을 말이다. 그런 불상사가 일어나지 않도록 조용필은 '대중과의 접점을 찾는다' 말하고 있는 것이다. 그 접점은 아마도 대중의 감추고 싶은 어떤 외로움, 나누고 싶은 어떤 기쁨 같은 것일 게다. 이처럼 인기와 돈에 연연하지 않고 늘 깨어있는 아티스트 조용필의 눈동자가 존재하는 한 조용필과 대중들의 관계는 늘 넉넉한 사랑의 강물로 풍성하게 서로를 빛나게 하고 적셔 줄 것이다.

꿈

"꿈이라는 노래는 그 가사가 메시지를 그대로 드러내죠. 꿈이 너무 허황될 필요도 없지만, 꿈이 없다면 죽은 인생이기도 하죠. 당시 지방에서 도회지로 젊은이들이 많이 나오면서 농촌엔 남자들이 없던 시기였어요. 도시로 나오는 것은 꿈을 위해서잖아요. 성공하는 사람도 있고 실패하는 사람도 있을 텐데…. 그런 사람들을 떠올리면서 외국 가는 비행기 안에서 작사해서 만든 노래예요."

"꿈 이야기가 나와서인데 꿈은 어떤 목표잖아요. 그 목표를 이루기 위해서는 자기 목표와 같은 성공을 이룬 사람을 연구하는 게 좋은 것 같아요. 그 사람이 어떻게 했는지 연구하면 도움이 되고 내가 가야 할 길도 보이지 않을까요."

감사

2018 조용필 50년 추진위원회는 공연중심 조용필 50주년 프로젝트의 타이틀이 'Thanks To You'라고 3월 8일 공개했다.

'땡스 투 유'는 조용필이 팬들을 비롯한 지난 50년간 자신의 음악을 사랑해 준 모든 사람들에게 감사의 의미로 담았다. '여러분 덕분에' 긴 시간 쉼 없이 노래할 수 있었기에 '고맙다 말하고 싶었어…'

#6. 내가 본 조용필

　수식어가 필요 없는 이름이 있다. 조용필 역시 그런 사람 중의 하나다. 이름 석 자만으로도 가슴이 촉촉해진다. 저마다의 추억이 들쑤셔지고, 부드러운 허밍코러스가 이어진다. 이 땅에 조용필로부터 자유로운 이가 얼마나 될까.
　김제동(MC, 방송연예인/ 경향신문 2011.4. 김제동의 똑똑똑- 조용필과의 인터뷰 기사 중에서)

　79년 겨울 우연히 TV에서 조용필을 본 뒤 팬이 됐다. 조용필은 우리 오빠다. 광화문에 가면 연예인 사진을 팔던 '몽블랑'이라는 상점이 있었다. 그곳에서 늘 우리 오빠 사진을 샀다. 그뿐인가. 오빠의 책받침을 사서 남몰래 가슴속에 꼭 안아 보거나 입을 맞춰 보기도 했다. 팬레터를 보내거나 친구에게 편지를 쓸 때는 늘 '오빠'의 얼굴이 담긴 엽서를 사용했다.
　남상옥(조용필의 팬/ 중앙일보 2015.1.5.)

마디마디 분절돼 있는 느낌이라고 할까요. 모두 차갑고 사나워졌어요. 성장 덕분에 잃을 것도 채울 것도 많아졌는데, 가난했을 때보다 상처받기 쉬운 상태죠. 모두 흩어져 방황하는 모습, 나름대로 외롭다고 생각하는 것, 바로 조 선배의 감싸 안는 노래가 아쉬울 때예요. 심금을 울린다는 말이 그런 거 아닌가요? 조 선배 노래가 누구보다 사회성이 짙어서 하는 말이죠. 물론 조용필 표 정서로 푹 절인 것들이지만.

세대 구분 없이 모두 조용필 음악에 열광하는 것은 바로 그 진정성에 있다고 봐요. 그 배경에 권위와 격식을 버린 프로정신, 자유를 추구하는 혼 말이죠. 조용필 표 진정성이죠. 38년간 노래를 불러오면서 대중가요의 스펙트럼을 넓혀놓은 힘이 그것입니다. 그게 알게 모르게 사람들을 해방시킵니다. 본인도 눈치 챘겠지만, 그런 자신의 기질이 시대성과 사회성을 수용하면서 넘어서게 만들지요. 10대 팬이 40대가 될 때까지, 30대 팬이 70대가 될 때까지 그들의 마음을 지켜온 이런 가인(歌人)이 있어 우리는 불행하지 않아요.

송호근(서울대 사회학과 교수. 조용필 19집 '헬로' 앨범에 '어느 날 귀로에서' 작사/ 2006.12.26. 중앙일보 인터뷰/ '조용필, 송호근 노래와 시대 정서를 논하다' 중에서)

당신의 팬임이 자랑스럽습니다.
정은주(조용필 팬)

조용필은 한국 음악계의 살아있는 전설이다. 그의 위대함은 1980년대 시상식을 휩쓸던 때부터 계속되고 있으며, 그의 음악적 시도는 록과 민요, 트로트에 이르기까지 광범위하게 펼쳐졌다.

빌보드

서초역 지하철 응원광고 사진이 저에게 도착했답니다. 기타를 맨 오빠의 모습은 저를 항상 설레게 하네요. 안방 벽에 걸어뒀어요. 오빠 얼굴 보면서 편히 잘 수 있을 것 같아요.

필 그대(지영/ 2018.2.26. 팬클럽 '위대한 탄생' 게시판에서)

조용필은 언제나 머물러있지 않았다. 그 간의 정규 앨범은 천재성을 타고난 아티스트가 자신의 재능에 만족한 채 과거와 현재에 머물러있기를 거부하고 목소리와 음악에 대해 고민하고 노력해 왔음을 보여주는 일종의 연대기다. 대한민국 대중음악사에 없었던 영역이 마치 신대륙처럼 그로인해 발견되었다.

윤성현(KBS 라디오 PD/ 임프레션 36.5 중에서)

오빠, 보고 싶네요. 아이들 머리 크고 나니 내 인생 뭐가 남나 싶네요. 평생을 설레이는 오빠 보면서 마음 다독이고 싶어요. 서울 공연 기대합니다.

화려한 데이(2016.11.20. 팬클럽 '이터널리' 한줄 메모 중에서)

2003년 조용필 35주년 콘서트에서 선배와 함께 '창밖의 여자'

를 부른 기억은 지금도 가슴 벅차다. 가요계가 전쟁터였다면 이순신 옆 조용필 동상이 있을 것이다.

신승훈(가수)

제가 처음 조용필 형님의 음악을 알게 된게 1998년 30주년 기념음반과 공연실황을 통해서였어요. 그 때 제 나이가 11살이었어요. 지금은 31살이니까 20년이네요. 예전에 누가 그랬죠. 좋아하는 가수와 음악은 많은데 가슴에서 떠나지 않는 마지막 뮤지션은 조용필이라고. 사실 저도 개인적으로 음악생활 한지도 20년이 흐르며 여러 좋은 음악을 접해봤지만 조용필 형님 음악만은 늘 존재했어요.

彌님의 눈(2018.2.15. 팬클럽 'CLUB MIZI' 열린 게시판에서)

K- POP의 선구자, 겸손에서 단 1mm도 벗어나지 않는 삶을 살고 계신다.

윤하(가수)

팝 역사에서 마이클 잭슨 같은 가수가 다시 나올 수 없듯 가요계에서 조용필 선배 같은 가수는 다시 나올 수 없다.

"저한테 마지막으로 음악적 소원이 있다면 조용필의 '그 겨울의 찻집'처럼 '뽕 끼' 가득한 발라드를 한번 해보고 싶다는 거예요."

이승철(가수/ 2018.3.2. Chosun Biz 인터뷰 김지수의 '인터스텔라' 중에서)

80년대 초 나의 여중생 시절, 국사 선생님은 수업 시작 전 내게 항상 '단발머리'를 부르게 하셨다. 머리자유화 직후, 반에서 유일한 단발머리였던 나는 교단에 서서 숙명처럼 무반주 단발머리를 불렀다. 어쩌면 그것이 내 음악인생의 시작이었지 싶다. 당시 프로그레시브 락을 즐겨 듣던 나는 그의 노래 '고추잠자리'를 좋아했고 그의 노래를 즐겨 흥얼거리던 어린 소녀였다. 이제는 재즈 가수가 되어 학생들에게 '고추잠자리'를 부르게 하는 선생이 됐으나, 영원한 나의 아이돌은 조용필.
나혜영(nana/ 재즈 가수, 싱어송라이터)

오랜 시간 음악에 대한 변하지 않는 순애보, 그의 노래가 사람의 마음을 울리는 이유가 아닐까?
타루(인디 뮤지션, 싱어송라이터)

록 잡지 SEE를 발행할 때였다. 바람의 노래가 막 나올 무렵, 창원 콘서트를 마치고 형은 내게 서울 가는 고속도로 첫 휴게소에서 만나자 했다. 얼굴이 알려져 휴게소 옆 달빛 잔디밭에 신문지 깔고 앉아, 매니저가 사 온 소주 종이컵에 마셨다. 안주는 과자부스러기. 그때 용필 형님 이렇게 얘기했다. "야 난 이런 소주 맛이 제일 좋아..."
이상호(대중문화평론가)

늘 처음처럼 가슴두근거리는 그 이름, 조용필은 첫사랑이다.
단청(시인, 그래픽디자이너)

맺는 말

1.
2013년 5월 30일 아시아 경제에 이런 기사가 떴다.

'국민가수' 조용필씨가 미국의 격주간지 포브스가 선정한 '기부영웅' 명단에 올랐다.

포브스가 29일(현지시간) 발표한 '기부영웅 48인' 리스트에는 아시아 출신 인사가 12명이나 포함됐다. 조씨는 호주의 기부영웅 그레이엄 터크웰과 중국의 부동산재벌 장신(張欣) 소호차이나 최고경영자(CEO) 등과 함께 아시아 지역 명단에 이름을 올렸다.

조용필씨는 아내가 심장마비로 숨진 2003년부터 심장병 어린이를 돕는데 앞장서왔다. 콘서트 수익금 550만달러(62억원 상당)와 아내의 유산 200만 달러(22억원 상당)를 기부했다. 이같은 기부금은 심장병 수술비용으로 주로 사용됐다. 조씨는 또 2009년 '조용필 기부재단'을 설립해 가난한 학생들에게 장학금과 생활비를 주고 있다.

조씨는 지난 달 10년 만에 발표한 19번째 앨범으로 가요차트에서 '월드스타'가 된 싸이를 누르고 정상을 차지했다고 포브스는 전했다.

2.

1985년 이른 봄. MBC 라디오에서 '이문세의 가요 데이트'라는 30분짜리 짤막한 프로그램이 있었고, 거기 작가를 했다. 당시 이기호 PD가 조용필을 초대했다. 하늘을 찌를 때였다. 그는 스튜디오로 들어서자마자 일단 자신의 목소리를 책임져 줄 엔지니어에게 고개 숙여 인사했다. 그리고 실내에 있던 작가, 피디 모두에게 정중하게 인사했다. 한꺼번에 대충 한 번의 인사로 일괄 처리하는 스치는 인사법이 아니었다. 일일이 한사람, 한사람의 눈빛과 눈빛을 마주보면서 하는 정식 인사였다. 노래가 약간만 히트해도 목이 뻣뻣해지는 어색한 세태와는 전혀 달랐다. 조용필 스타일의 진정성을 실감하는 순간이었다.

3.

누구라고 밝힐 수는 없지만 당대 최고 가수 한사람이 어느 날 쓰러질 듯 무너질 듯 방송국 소파에 털썩 눕다시피 하면서 긴 한숨을 내 쉬었다. 내가 물었다. '왜 그래? 무슨 일 있어?' 하자 그가 답했다. '에이구 노래하면 뭐해요? 어차피 조용필 선배를 못 꺾는데...' 이번엔 아예 장탄식이다.

조용필 공연을 보고 노래를 그만둔 역시 이름을 대면 알만한 듀엣도 있었다. 자신들이 하는 건 노래가 아니라는 걸 깨달았대나 어쨌다나.

4.

MBC TV에 오랜만에 출연한 조용필. 녹화를 마치고 일행들과 함께 음식점을 찾았다. 팬들이 그야말로 난리가 났다. 여학생들 중에 일부는 용감하게 조용필 음식 테이블 근처에서 자신들도 음식을 주문한 다음 먹을 새도 없이 연신 조용필을 흘낏 거렸고, 많은 여학생들이 음식점 유리창 밖을 뺑 둘러싼 채 오빠의 식사를 바라보며 어머, 어머, 까르르 기뻐했다. 이윽고 조용필이 일행과 함께 음식점을 빠져 나가자 진풍경은 그때부터. 와라락! 여학생들이 조용필이 앉았던 테이블로 밀려들어갔다. 누구는 그가 사용한 나무젓가락을 잡고 누구는 이쑤시개를 잡았다. 아예 수저와 밥그릇을 높이 치켜들고 음식점 주인을 향해 '아저씨. 이거 나한테 파세요!'를 외치며 발을 동동 구르는 여학생도 있었다. 물론 지속적으로 조용필의 행동 하나하나를 섬세하고도 집요하게 관찰한 창밖의 여학생 팬들이었다. 히트는 조용필이 사용한 이쑤시개를 두 여학생이 함께 잡았다는데 있다. 결국 두 여학생은 가위 바위 보로 승자독식을 할까하다가 결국 먼저 잡은 여학생이 반을 잘라 '이 쑤신 쪽'을 자신의 지갑 속에 소중히 간직했고 '오빠의 손가락이 닿은 아랫부분'은 뒤늦게 잡은 여학생이 나눠 가졌다.

5.

'내성적인 사람들은 자신을 속이고, 외향적인 악마들은 세상을 속인다.'

- 니체

'왠지 속은 것 같지 않아?'

- 영국의 펑크 록 밴드 섹스 피스톨즈가 콘서트 끝에 늘 하던 말

하지만 조용필, 그는 우리를 속이지 않았다. 그는 자신의 피와 땀과 눈물로 노래했다. 쓸쓸한 이 땅의 들판을 위해서, 그를 닮은 한국인들의 어깨 위 서러움을 털어주기 위해서 무대에 올랐다. 그렇다. 길 끝나는 곳에 반드시 무대가 있다.

조용필의 노래는 돌진, 직진 밖에 모르는 삶의 노래다. 하여 어느새 우리들의 꿈은 춤춘다. 그의 노래는 돌덩어리에서 부처를 꺼내고, 꽹과리라는 쇠를 쳐서 비단을 풀어내는 이 땅의 지극한 아름다움이다.

들어라. 그 노래, 헬조선이라는 망연자실의 절망을 부숴버리는 조용필의 노래를! 그토록 위대한 대한국인, 당신의 삶 앞에 바쳐지는 알뜰한 그 쌍무지개를! 조용필과 위대한 탄생의 그리고 우리 모두의 꿈의 아리랑을 같이 온 몸으로 노래 불러야겠다.

조용필 프로필

1950

1950년 3월 21일 경기도 화성군(현재 화성시) 송정면 쌍정리에서 염전업을 하던 부친 조경구씨(1986년 작고)와 모친 김남숙씨(1991년 작고)의 3남4녀 중 여섯째(막내아들)로 출생, 여동생 조종순씨는 4집 수록곡 '자존심'의 작사자

1957년 화성군 송산초등학교 입학

1960

1963년 화성군 송산중학교 입학

1964년 송산중 2년 다니다가 서울 경동중으로 전학

1965년 기타에 빠져들기 시작함, 벤처스의 샹하이 트위스트 등을 연주함

1966년 경동고등학교 입학

1967년 대한일보 13층 스카이라운지에서 누군가를 대신해 기타 연주를 했던 아마추어로서의 첫 무대

1968년　경동고등학교 졸업(국민배우 안성기와 동기 동창)

1968년　아버지가 조용필의 기타를 이미 여러 대 부쉈고, 집안의 심한 반대로 인한 좌절과 반항이 자살시도로 이어지기도 했었고 결국 음악의 길을 걷기 위해 출가 함

1968년　그룹 '앳킨즈' 결성. 함께하던 베이시스트가 미국의 컨트리 & 웨스턴 기타리스트 '쳇 앳킨즈'를 좋아해 작명 됨

1968년　그룹사운드 '화이브 펑거스' 결성 후, 장파리(미8군부대가 위치한 경기도 파주의 기지촌)의 'DMZ'나이트클럽에서 활동

1969년　그룹 '파이브 펑거스' 기타리스트

1970

1970년　3인조 밴드 '김 트리오' 결성

1971년　재즈 뮤지션 강태환으로부터 청음과 채보법 익힘

1971년　5월, 김트리오로 선데이 서울 컵 그룹사운드 경연대회 참가해 '길 잃은 철새' 'Unchained Melody' 등을 노래 해 최우수상 수상

1971년　KBS 라디오 드라마 주제가 '돌아오지 않는 강' (임택수 작곡) 발표

1972년　조용필 스테레오 히트 앨범 '님이여' 등 발표

1972년　TBC TV를 통해 방송 데뷔,
　　　　호세 펠리치아노의 '레인'과 첫 자작곡 '옛일'을 부름

1972년　9월, '김트리오' 해체 후 그룹 '25시'의 리더로 있던 조갑출의 제의로 몇 개월간 '25시'와 함께 부산 극동호텔에서 활동

1973년　'25시' 활동 중 작은형 조영일을 통해 군 복무(방위소집) 영장이 나온 것을 알게 됨. 2차 가출 후 3년 만에 부모님을 상봉하고 본적지인 경기도 화성군에서 해안경비병 복무

1974년　'조용필과 그림자' 결성해 동대문 이스턴 호텔 나이트클럽 등에서 활동

1976년　조용필, 영 사운드 스플릿 앨범 '돌아와요 부산항에' 대 히트

1977년　5월 4일, 몇 개월간의 대마초 스캔들 속에 가수활동을 지속하던 조용필은 이날 장충체육관 공연을 끝으로 은퇴 선언

1977년　득음을 위해 내장산, 속리산, 대전 동학사, 범어사 등지를 돌며 '진도 아리랑' '성주풀이' '흥부가' 등을 부르며 6개월간에 걸친 극도의 집중적인 노력 끝에 목소리가 트임. 이 시기 비지스, 오제이스, 로드스튜어트 등의 탁성과 가성을 수련. 훗날 가성, 탁성, 진성을 넘나드는 목소리의 마술사가 되는 기반이 됨. 물론 그 이전과 그 이후에도 조용필의 노래 연습은 늘 현재 진행형

1979년　12월 5일, 대마초 연예인 해금

1979년　12월 11일, 방송활동 재개를 앞두고 '조용필과 그림자'를
　　　　'조용필과 위대한 탄생'으로 개명하여 밴드 '위대한 탄생'이
　　　　탄생함

1980

1980년　3월 20일, 공식 1집 앨범 '창밖의 여자' 발표해 한국가요
　　　　사상 최초 단일앨범 100만장 음반 판매돌파 공인
　　　　'기네스북'에 1991년 등재

1980년　'창밖의 노래'로 서울국제가요제 금상 수상

1980년　MBC 10대 가수 가요제 가수왕
　　　　(이후 1986년까지 총 6회 연속 가수왕 수상)

1980년　TBC 방송대상 최고가수상

1980년　미국 카네기 홀 '조용필 콘서트'(한국 가수 최초 공연)

1980년　2집 앨범 '축복' '간양록'

1981년　3월 14-15일, 세계 장애자의 해를 맞아 첫 번째 자선쇼
　　　　'심신장애자를 위한 기금 마련 자선 디너 쇼'
　　　　(호텔 신라 다이너스티 홀)

1981년　5월 28일 NHK 초청 일본 3개 도시 순회공연 중 첫 번째
　　　　도쿄 NHK 홀 공연을 KBS 100분 쇼에서 녹화방송

1981년　KBS TV 조용필 해운대 비치 스페셜 방송,
　　　　라이브 실황 앨범 '조용필 해운대 비치페스티벌'

1981년　KBS 가요대상 최고인기가수상 수상,
　　　　이후 1985년까지 총 4회 수상

1981년　CF 출연 '하이트 진로, 크라운 맥주'

1981년　영화 '그 사랑 한이 되어'에 유지인과 함께 주연
　　　　(이형표 감독, 김강윤 극본)

1981년　3집 앨범 '미워 미워 미워' '일편단심 민들레야'

1982년　4집 앨범 '못 찾겠다 꾀꼬리' '비련' '자존심' '난 아니야'

1982년　3집 앨범, 미국 AMPEX사 '골든 릴'상 수상

1982년　미국 11개 도시 순회공연

1982년　화보집 '흔적' 발간(사진작가, 김중만)

1982년　12월, '독립기념관 건립기금 마련 대도시 순회공연'
　　　　(서울, 대구, 부산, 청주 공연)

1982년　외신기자 클럽 외신기자상 '최고 남자가수상' 수상

1983년　박지숙과 결혼

1983년 '5집 앨범 '산유화' '여자의 정' '한강' '황진이' '친구여'
       '나는 너 좋아'

1983년 일본 15개 도시 순회공연

1983년 미국 순회공연

1983년 11월 13일, 일본의 교육방송 'TV 도쿄'가 다큐멘터리
       '인간 조용필'을 제작 '세계인의 메시지' 시간에 방영

1984년 6집 앨범 '바람과 갈대' '눈물의 파티'

1984년 조용필의 '돌아와요 부산항에'
       한국가수 최초 일본 골든 디스크 상 수상

1984년 7월 11일, 일본 고라꾸엔 야구장에서 'Asian, We Are One'
       이라는 주제로 PAX MUSICA 84' 참가. 이 공연을 위해 작곡
       한 테마송 '아시아의 불꽃'이 초연됨

1985년 7집 앨범 '들꽃' '미지의 세계' '아시아의 불꽃'
       '여행을 떠나요' '사랑하기 때문에'

1985년 4월 3일-4일, 히로시마, 시모노세키에서
       '88 서울올림픽 기금마련을 위한 콘서트'

1985년 8집 앨범 '허공' '킬리만자로의 표범' '바람이 전하는 말'
       '그 겨울의 찻집' '상처'

1986년　8월 5일-6일, 원폭 피해자를 위한 세계적인 자선공연 '히로시마 세계 평화 음악제' 참가(일본 히로시마 대 야외 콘서트장)

1986년　일본에서 '추억의 미아 1' 발표해 한국가수 최초 일본 내 100만장 이상의 음반 판매하며 '골든 디스크 상' 수상

1987년　9집 앨범 〈87 사랑과 인생과 나!〉
　　　　'마도요' '그대 발길 머무는 곳에'

1987년　조용필, 일본 NHK 홍백가합전에 외국인 가수로 최초 출연 (이후 1988, 1989, 1990, 1992 총 5회 출연)

1988년　〈88 조용필 10집〉 앨범 Part.1
　　　　'모나리자' '서울 서울 서울'

1988년　88 서울 올림픽 경축전야 대축전- '손에 손잡고' 출연

1988년　한국가수 최초 중국 북경 공연(국교 수교 이전)

1989년　10집 앨범 '서울 서울 서울' 'I Love Susie' '모나리자' 발표

1988년　7월 19일, 박지숙씨와 이혼

1989년　11집 앨범(10집 Part.2)
　　　　'Q'
　　　　'말하라 그대들이 본 것이 무언인가를'

1990

1990년   12집 앨범 'The Dreams 90-VOL.1 SAILING SOUND'
         '추억속의 재회', '이젠 그랬으면 좋겠네'

1991년   13집 앨범 〈The Dreams〉 '꿈' '아이마미'

1992년   일본 진출 10주년 기념공연

1992년   14집 앨범 '슬픈 베아트리체' '고독한 러너' '정글 시티'

1992년   MBC FM '조용필의 나이트 쇼' DJ

1993년   해운대 비치 콘서트- 관객 10만 명으로 단독 공연 최다 기록

1993년   '조용필과 위대한 탄생' 컴필레이션 라이브 앨범
         (세종문화회관 실황)

1994년   한국 내 음반 판매량 1천 만장 판매 돌파,
         같은 해 일본에서의 조용필 음반판매 600만장 돌파

1994년   3월 25일, 재미교포 안진현과 결혼.

1994년   15집 '남겨진 자의 고독' '끝없는 날개짓 하늘로'

1995년   16집 앨범 〈이터널리〉
         '바람의 노래' '그리움의 불꽃' '판도라의 상자'

1998년   17집 앨범 〈Ambition〉
         '기다리는 아픔' '작은 천국'

1998년   KBS 선정 '20세기 한국 최고의 가수- 조용필'

1998년   MBC 선정 '정부 수립 50년 최고의 스타상 가수부문 1위'

1998년   조선일보 선정 '건국 이후 최고의 가수- 조용필'

1998년   일본 10개 도시 순회공연

1999년   예술의 전당 '조용필 콘서트'(대중가수 최초 공연)

2000

2000년   11월 9일-14일, 예술의전당 오페라 하우스 콘서트
         '고독한 러너'

2002년   KBS TV 스타평전 '조용필'

2003년   MBC TV 즐거운 문화읽기
         음악인생 35년 '조용필이 만들어 낸 것들'

2003년   브랜드 파워 남자가수 1위 선정(산업자원부)

2003년   조용필 35주년 기념 콘서트 〈The History〉
         비가 쏟아졌음에도 5만 관중 최초 전석매진(잠실 올림픽 주
         경기장)이었으며 이날 지하철 임시연장운행 함

2003년   18집 앨범 〈OVER THE RAINBOW〉
        '태양의 눈' '일성' '진' '꿈의 아리랑'

2003년   1월 6일, 부인 안진현 별세

2004년   MBC TV 제1회 대한민국 음악축제 - '나는 조용필이다'

2005년   8월 23일, 광복 60주년 SBS 특별기획
        '조용필 평양 2005' 공연 'PEACE 제주에서 평양까지'

2005년   PIL & PEACE 콘서트 - 잠실 주 경기장 전석 매진

2007년   세계 최초 7.2 서라운드 콘서트
        (성남아트센터, 고양 아람누리, 부산 벡스코, 서울 체조경기장)

2007년   한국방송 80년 네티즌 선정 통합 가수부문 1위(조선일보)

2008년   2월 11일부터 3월 2일까지 21일간 조용필 데뷔 40주년을 맞아 경인방송 써니 FM '백영규의 가고싶은 마을'에서는 작가 구자형 기획으로 매일 두 시간씩 총 42시간, 오롯이 조용필 노래만을 방송하는 조용필 기존 발표 곡의 전곡을 특집방송 함. 여기엔 조용필의 동료 연예인, 음악평론가, 작곡, 작사가, 팬클럽 회장 등 70여명의 게스트가 출연해 뮤지션으로서의조용필, 인간으로서의 조용필에 대한 이야기를 나눴다. 이때 하루 3만 명 이상의 조용필 팬들이 경인방송 홈페이지를 접속해 한동안 홈페이지가 마비됐었다. 이는 한국 방송사상 최초이며 앞으로도 없을 쾌거였다. 이후 방송통신위원회에서 2008년 3월 '이 달의 좋은 프로그램상 수상'

2008년 KBS TV 여유만만- 데뷔 40주년 '조용필의 모든 것'

2008년 MBC TV 생방송 오늘 아침 '무대는 내 운명- 가왕 조용필'

2008년 동아일보에서 전문가 100인 선정
        연예인 통합 최고 스타 1위- 조용필

2008년 조용필 40주년 콘서트 기념 앨범
        'THE HISTORY, 킬리만자로의 표범'

2008년 'THE HISTORY, 킬리만자로의 표범'
        (대구, 울산, 광주, 부산, 서울,
        뉴욕 맨하탄 '라디오 시티 홀 콘서트')

2010

2010년 5월 5일 조용필과 영국 필하모니 오케스트라 특별공연
        (전남 고흥군 소록도)

2010년 5월 28일-29일 소아암 어린이를 위한 사랑 콘서트
        'LOVE IN LOVE'(잠실 올림픽 주 경기장)

2011년 MBC TV '나는 가수다- 조용필 스페셜'

2013년 4월 16일 정규 19집 앨범 중에서
        'BOUNCE' 선 공개하며 각종 음원차트 22년만의 1위,
        빌보드에서 한국의 마이클 잭슨 같은 존재로 1980년대
        부터 최고가수인 가왕 조용필이 돌아왔다는 기사 게재

2013년   4월 23일 10년만의 앨범 〈HELLO〉
         'HELLO' '걷고 싶다' 'BOUNCE' '어느 날 귀로에서'

2013년   조용필과 위대한 탄생 전국 투어 'Hello' 콘서트
         (서울, 대전, 의정부, 진주, 대구, 순천, 울산, 수원, 일산,
         광주, 창원 & 12월 앵콜 콘서트- 인천, 부산, 서울, 대구)

2013년   11월 7일 'HELLO TOUR IN TOKYO' 콘서트
         (도쿄 국제포럼 홀)

2013년   11월 18일 대한민국 대중문화 예술상- 은관문화훈장 수훈

2013년   11월 22일 엠 넷 아시아 뮤직 어워드에서
         'Bounce- 올해의 노래상' 수상

2013년   12월 19일 한국갤럽 2013년 '올해의 가수' 1위
         'Bounce' '올해의 노래' 1위

2014년   1월 16일 제28회 골든 디스크 시상
         'Hello' 음반부문 본상 수상

2015년   조용필과 위대한 탄생 콘서트(대구, 일산, 부산, 광주, 서울)

2016년   조용필과 위대한 탄생 콘서트
         (천안, 인천, 울산, 안동, 진주, 대구, 광주, 부산, 서울)

2017년   8월 26일 경남 김해 봉하마을 대통령 묘역 옆 생태문화공원
         에서 개최된 '그 사람, 노무현'을 기억하는 봉하음악회에서

노무현 전 대통령이 생전에 가장 즐겨 불렀던 조용필의 노래 '허공' 최초 공개

2017년 영화 '택시 운전사'(장훈 감독, 송강호 주연)에 조용필의 '단발머리'가 O.S.T로 사용됨

2018년 3월 27일 '음악과 자유가 선택한 조용필' 출간 (푸른산·빛기둥)

2018년 조용필 데뷔 50주년 기념 콘서트 전국 투어 'Thanks To you' '고맙다 말하고 싶었어'

2018년 3월 20일 오후 2시부터 조용필 데뷔 50주년 기념 전국투어 콘서트 5월 12일 잠실 올림픽 주 경기장 서울 콘서트 티켓 오픈, 15만 명이 인터파크 티켓에 동시 접속해 10분 만에 매진

2018년 4월 1일, 3일 '동평양대극장'과 '류경정주영체육관'에서의 평양공연 '봄이 온다'에 조용필은 이선희, 최진희, 윤도현, 백지영, 레드벨벳, 정인, 서현, 알리 등으로 구성된 남한예술단(음악감독 윤상)에 합류해 공연

2018년 5월 12일, 조용필 데뷔 50주년 기념 전국투어 서울 콘서트(잠실올림픽 주 경기장)

2018년 5월 19일, 조용필 대구 콘서트(대구 스타디움)

2018년 6월 2일, 조용필 광주 콘서트(월드컵 경기장)